A Dios sea toda la Gloria.

Oro por la bendición de Dios sobre usted mientras estudia el material. Que Él abra tu mente para recibir esta información y vivir de acuerdo con ella.

Andrés

Guía de estudio: Santiago

Serie de estudios bíblicos de palabras antiguas

Andrew J. Lamont-Turner

Published by Andrew J. Lamont-Turner, 2024.

GUÍA DE ESTUDIO: SANTIAGO

First edition. August 5, 2024.

ISBN: 979-8227215710

Written by Andrew J. Lamont-Turner.

Tabla de Contenido

Derechos de autor

Guía de estudio: James

Estudio versículo por versículo del libro bíblico de Santiago
Copyright Andrew J. Lamont-Turner 2024
Primera edición: 2024

Las citas de las Escrituras, a menos que se indique lo contrario, están tomadas de la Biblia en inglés contemporáneo gramaticalmente corregida del New Covenant Theological Seminary®, Copyright © 2023 de New Covenant Theological Seminary. Usado bajo licencia.

Las referencias bíblicas marcadas como WEB han sido tomadas de la Biblia en inglés mundial. Dominio publico.

El autor utiliza Google Translate para traducir este estudio a varios idiomas, siendo el inglés el idioma original.

Diseño de portada por AJ Lamont-Turner
Fotografía por
Fotografía de Jess Du Toit
jessejdt@gmail.com

Prefacio

El Libro de Santiago es una obra única y significativa dentro del Nuevo Testamento, que ofrece sabiduría eterna y guía práctica para los creyentes de todas las generaciones. Como epístola profundamente respetada, Santiago se destaca por su enfoque claro y directo de la vida cristiana, abordando aspectos fundamentales de la fe, la moralidad y la conducta. Este estudio busca profundizar en el rico tapiz de enseñanzas presentadas en Santiago, explorando su relevancia y aplicación para los cristianos contemporáneos.

Santiago, a menudo referido como los "Proverbios del Nuevo Testamento", presenta exhortaciones que enfatizan la necesidad de vivir la fe de manera tangible. Desafía a los creyentes a examinar la autenticidad de su fe a través de sus acciones, insistiendo en que la fe genuina se demuestra por las obras. Esta epístola es particularmente conmovedora en su llamado a la integridad, la paciencia, la humildad y el rechazo de la parcialidad dentro de la comunidad cristiana.

A lo largo de este libro, recorreremos los cinco capítulos de Santiago, analizando sus mensajes importantes y explorando cómo se aplican a los problemas de hoy en día. Santiago proporciona una guía integral para la transformación personal y comunitaria, desde las pruebas y tribulaciones que ponen a prueba nuestra fe, hasta el poder de la oración y los peligros de la lengua.

Este estudio apunta no sólo a resaltar la sabiduría práctica de Santiago sino también a fomentar una comprensión más profunda de los fundamentos teológicos de sus enseñanzas. Al examinar el contexto histórico, la audiencia prevista y los temas generales, los lectores obtendrán una visión más holística del propósito de la epístola y su significado perdurable.

El Libro de Santiago habla a los creyentes tan poderosamente como lo hizo hoy a su audiencia original. En un mundo de desafíos y distracciones, Santiago nos llama a volver a una fe vivida con sinceridad y acción. Nos recuerda que nuestro camino de fe no se trata simplemente de piedad personal sino de impactar nuestro mundo a través de una vida recta y un servicio compasivo.

Espero que este libro inspire y equipe a los lectores para encarnar los principios establecidos en Santiago, fomentando una fe vibrante, activa y transformadora. Que nosotros, como Santiago, seamos hacedores de la palabra y no sólo oyentes, y que nuestras vidas reflejen la verdad significativa de nuestra fe en todos los aspectos.

En Cristo,
Andrés

Introducción a este estudio

Este estudio comprende preguntas basadas en los diversos versículos de las Escrituras tomados del Libro de Daniel.

La parte 1 de este estudio explora los antecedentes del libro, por ejemplo, quién lo escribió, cuándo, para quién, por qué y otros aspectos del libro.

La parte 2 destaca versículos del libro que llaman especial atención a principios específicos del Libro de Daniel.

La Parte 3 es el estudio versículo por versículo que requiere que el lector complete las preguntas y tareas al final de cada capítulo. Si esto se hace en un ambiente de grupo celular, estas respuestas deben discutirse dentro del grupo.

Una vez estudiados todos los capítulos, hay preguntas de verdadero, falso y de opción múltiple para evaluar su conocimiento de este libro.

Suponga que está utilizando la versión de libro electrónico de este estudio. En ese caso, es recomendable tener una libreta a mano para anotar las respuestas a las preguntas. Es posible que también se necesite espacio adicional para resolver las preguntas de conocimientos del examen.

Responder las preguntas no es una carrera. Se debe pensar detenidamente al escribir las respuestas, específicamente la aplicación en la vida de estas preguntas y sus respuestas.

Participar en un estudio bíblico sugiere que el lector reconoce su necesidad de comprender las Escrituras y la profundidad de la sabiduría que conlleva conocer y comprender a Dios y sus caminos. Este es un viaje espiritual y lleva tiempo investigar los versículos, su significado tal como el escritor los pretendía y su aplicación en la vida. Asegúrate de que la oración preceda cada paso del camino, permitiendo que el Espíritu Santo te guíe y abra tu corazón y tu mente al conocimiento de Dios.

Este estudio es importante porque podría aplicarse a la realidad de su vida. En otras palabras, este estudio considera la Teología del Libro y otros principios derivados del libro dentro de un marco que facilita la aplicación de los principios a nuestra vida diaria. Este estudio no es un comentario y, aunque se proporciona información específica sobre cada libro, este estudio no realiza una crítica textual.

PARTE 1 : Información del libro

Escritor

Se cree ampliamente que el autor de esta epístola es Santiago, el medio hermano de Jesucristo, como se indica en Gálatas 1:19. También se le conoce como hermano de Judas, mencionado en Mateo 13:55. Esta identificación se alinea con las opiniones sostenidas por muchos padres y escritores de la iglesia primitiva. Es importante señalar que este Santiago es distinto de otras figuras prominentes del Nuevo Testamento: no es hermano del apóstol Juan (hijo de Zebedeo), quien fue martirizado temprano en la historia de la iglesia (Marcos 1:19; Hechos 12: 2), ni es hijo de Alfeo ni padre de Judas (Lucas 6:16).

Santiago, el autor, jugó un papel importante en la iglesia primitiva en Jerusalén y fue reconocido como un líder. En particular, habló en el Concilio de Jerusalén, como se registra en Hechos 15:13-21. Se hace referencia a su liderazgo en Hechos 12:17 y Hechos 21:18. Algunos comentaristas sostienen que la similitud de estilo entre esta epístola y el discurso de Santiago en Hechos 15 respalda la atribución de autoría a él. A pesar de cualquier posible consideración lingüística, es plausible que Santiago, siendo de Galilea, hubiera dominado el arameo y el griego, lo que explica la calidad del griego en el que está escrita la epístola.

Objetivo

La Epístola de Santiago tiene un doble propósito, como lo señalaron eruditos y comentaristas a lo largo de la historia. En primer lugar, pretende animar a sus lectores a soportar las pruebas con paciencia y firmeza. Santiago enfatiza la importancia de soportar fielmente las dificultades y confiar en la soberanía y la bondad de Dios incluso en medio de la adversidad.

En segundo lugar, la epístola advierte contra errores doctrinales y prácticas poco éticas en las primeras comunidades cristianas. Santiago exhorta a los creyentes a vivir su fe de manera práctica, enfatizando las obras de compasión, la integridad en el habla, la humildad ante Dios y la participación activa en compartir con los demás. Sus enseñanzas abarcan todos los aspectos de la vida cristiana, guiando a los creyentes a manifestar su fe a través de acciones y actitudes.

Un enfoque importante de la carta de James está dirigido a los cristianos judíos que enfrentaban persecución y opresión, particularmente por parte de judíos ricos e influyentes dentro de sus comunidades. Santiago insta a estos creyentes a mantenerse firmes en su fe, resistir las presiones y tentaciones de la riqueza y el poder mundanos y mantener su integridad en medio de la adversidad.

La Epístola de Santiago es una potente exhortación a la madurez cristiana y la santidad de vida. Enfatiza la vida cristiana práctica, aborda la integridad doctrinal y fomenta la perseverancia frente a las pruebas y la oposición. A través de sus enseñanzas, Santiago brinda sabiduría eterna que continúa guiando a los creyentes a afrontar los desafíos y vivir su fe de manera auténtica.

Fecha de escritura

Según Josefo, Santiago, el hermano de Jesús, murió en el año 62 d.C., fecha que relacionó con la muerte de Porcio Festo. Esto sitúa la escritura de la Epístola de Santiago antes de esa época. Algunos eruditos sostienen que la falta de referencia de Santiago al Concilio de Jerusalén del año 49 d. C. sugiere una fecha de composición anterior. Sin embargo, este argumento es discutible ya que la epístola aborda temas diferentes de los discutidos en el concilio, haciendo innecesarias las referencias explícitas.

Tradicionalmente, se cree que Santiago escribió esta epístola al principio de la historia de la iglesia cristiana. Muchos estudiosos, incluyéndome a mí, nos inclinamos por una fecha de composición entre mediados y finales de los años 40, posiblemente alrededor del 45-48 d.C. Algunos incluso proponen una fecha anterior, ya en el año 34 o 35 d. C.. La ausencia de referencias en Santiago a otras epístolas del Nuevo Testamento apoya aún más la idea de su composición temprana. Existe un apoyo considerable a la tradicional datación temprana de la Epístola de Santiago, sin razones sustanciales para dudarla.

Audiencia

Los destinatarios de la Epístola de Santiago eran principalmente cristianos judíos que vivían en la diáspora, dispersos desde Palestina. Ahora seguidores de Cristo (Santiago 1:1). A lo largo de la carta, numerosas referencias resaltan su contexto judío, reforzando la idea de que fue escrita por un autor judío para una audiencia judía. Versículos como Santiago 1:18, 2:2, 2:21, 3:6 y 5:4, 5:7 contienen lenguaje y temas que resuenan fuertemente dentro de los contextos culturales y religiosos judíos, enfatizando el trasfondo compartido y la fe de los escritor y sus lectores previstos.

Lugar de escritura

Dado que Santiago probablemente pasó la mayor parte o la totalidad de su vida cristiana en Jerusalén, se cree ampliamente que escribió su epístola desde esta ciudad. Su profunda conexión con Jerusalén es evidente en los registros históricos, lo que indica que no participó en actividades misioneras extensas que lo clasificarían como un apóstol.

Según Eusebio, un historiador que escribió en el siglo IV, Santiago tuvo un final trágico en Jerusalén. Relata que Santiago fue arrojado desde el pináculo del templo, que se encontraba a 170 pies sobre el valle de Cedrón. Después de sobrevivir a la caída, lo apedrearon, y luego un batanero, que era un lavadero de ropa del siglo I, lo remató golpeándole el cerebro con un garrote. Este relato destaca el martirio de Santiago, destacando la gravedad de la persecución que enfrentaron los primeros líderes cristianos en Jerusalén.

Características especiales

La epístola de Santiago destaca por sus características únicas dentro del corpus del Nuevo Testamento. En primer lugar, parece haber sido elaborado como una forma escrita de un discurso público o sermón destinado a ser leído en voz alta en las primeras reuniones cristianas. Esto se alinea con la crítica retórica contemporánea, enfatizando sus raíces orales traducidas a la forma escrita.

Entre sus rasgos distintivos se encuentra la ausencia de referencias personales a individuos específicos entre sus destinatarios y la falta de una bendición final convencional. En cambio, Santiago emplea una sorprendente cantidad de imperativos, y los mandamientos aparecen con una frecuencia incomparable en otros escritos del Nuevo Testamento.

La Epístola se destaca por su rico uso de figuras retóricas y analogías, superando incluso el uso colectivo de las cartas de Pablo. Santiago se basa en gran medida en las Escrituras del Antiguo Testamento, hace referencia a más de 20 libros y entreteje narrativas y personajes como Abraham, Rahab, Job y Elías, junto con alusiones a los Diez Mandamientos y la Ley Mosaica. Esto da fe de su carácter profundamente judío, que refleja las enseñanzas y el contexto cultural de las primeras comunidades judeo-cristianas.

Las imágenes de la naturaleza también ocupan un lugar destacado en Santiago, haciéndose eco del estilo de enseñanza de los rabinos judíos de su época y resonando con las enseñanzas de Jesús, como se registra en el Sermón de la Montaña. Curiosamente, a pesar de estas conexiones, las menciones directas de Jesucristo son escasas y aparecen sólo dos veces en la epístola.

Martín Lutero expresó sus famosas reservas sobre la Epístola de Santiago, calificándola de "epístola de paja" debido a su aparente énfasis en las obras en lugar de la fe, lo que consideraba contradictorio con las enseñanzas de Pablo sobre la justificación solo por la fe. La postura de Lutero subrayó los debates teológicos de su tiempo, destacando las tensiones entre diferentes énfasis teológicos dentro del cristianismo primitivo.

La epístola de Santiago sigue siendo una parte distintiva y valiosa del Nuevo Testamento, que combina la exhortación ética con la profundidad teológica y refleja una perspectiva única dentro de la diversidad de los primeros escritos cristianos.

La crítica de Lutero a la Epístola de Santiago surgió de su interpretación de que Santiago se centró en convertirse en cristiano (justificación), lo que parecía entrar en conflicto con el énfasis de Pablo en la justificación sólo por la fe. Sin embargo, muchos eruditos sostienen que la principal preocupación de Santiago era cómo los cristianos debían vivir su fe (santificación) en lugar del acto inicial de convertirse en creyente.

Es crucial entender que Santiago probablemente escribió antes de que Pablo escribiera cualquiera de sus cartas, lo que indica que sus perspectivas teológicas no estaban en diálogo directo. Por lo tanto, interpretar a Santiago a través de una lente paulina puede llevar a malentendidos sobre la intención original de Santiago. De hecho, las enseñanzas de Santiago se alinean bien con las enseñanzas éticas de Jesús, particularmente las que se encuentran en el Sermón del Monte, lo que sugiere una continuidad más que un conflicto dentro del pensamiento cristiano primitivo.

La Epístola de Santiago y el Evangelio de Mateo comparten numerosos paralelos temáticos y referencias, lo que indica que probablemente fueron escritos aproximadamente al mismo tiempo, a finales de los años 40 d.C. Ambos escritos abordan comunidades cristianas similares y enfatizan la madurez espiritual, la sabiduría y la importancia de una vida recta. , particularmente entre los económicamente desfavorecidos.

La epístola de Santiago se caracteriza por su enfoque práctico y ético más que por un discurso teológico profundo. Se inspira estilísticamente en fuentes como Proverbios, denuncias proféticas y las parábolas de Jesús, presentando sus enseñanzas de forma clara y directa. Este enfoque directo lo convierte en uno de los libros menos teológicos del Nuevo Testamento, y enfatiza la vida cristiana práctica por encima de las complejidades doctrinales junto con Filemón.

La epístola de Santiago ofrece valiosas ideas sobre las dimensiones éticas de la fe cristiana, centrándose en cómo los creyentes deben vivir fielmente a la luz de su compromiso con Cristo en lugar de profundizar en doctrinas teológicas.

Tres temas teológicos destacados emergen en la Epístola de Santiago , que reflejan sus enseñanzas fundamentales. La más importante de ellas es la doctrina de Dios, que se enfatiza a lo largo de la carta. Santiago destaca la soberanía, la bondad y la santidad de Dios, guiando a los creyentes a alinear sus vidas de acuerdo con Su voluntad.

De acuerdo con su enfoque práctico y ético, Santiago también enfatiza la doctrina del pecado. La epístola aborda repetidamente la fragilidad humana, el poder destructivo del pecado y la necesidad de arrepentimiento y rectitud moral en la vida cristiana.

Sorprendentemente, la escatología (el estudio teológico del fin de los tiempos) es otro tema importante en Santiago. Si bien se preocupa principalmente por la vida cristiana práctica, Santiago incorpora enseñanzas sobre la esperanza futura de los creyentes, el juicio de Dios y las recompensas eternas que aguardan a quienes perseveran en la fe.

Al considerar la disposición de las epístolas del Nuevo Testamento, hay una simetría notable en sus temas y énfasis. Hebreos enfatiza la fe, complementada por el énfasis de Santiago en las buenas obras. Primero, Pedro se centra en la esperanza futura, seguido por el énfasis de Segunda Pedro en el crecimiento espiritual presente. Las epístolas de Juan enfatizan el amor, equilibrado por el llamado de Judas a luchar fervientemente por la fe. Esta progresión temática culmina apropiadamente en el libro del Apocalipsis, que promete la victoria final a quienes permanecen fieles a Cristo.

Las epístolas del Nuevo Testamento brindan colectivamente un marco integral de fe y práctica cristiana en esta progresión estructurada. Abordan doctrinas fundamentales, imperativos éticos y esperanza futura, guiando a los creyentes en su viaje espiritual hacia la madurez y la perseverancia.

Entendiendo el Libro de Santiago

El Libro de Santiago se centra intensamente en integrar fe y comportamiento, enfatizando que la verdadera fe en Dios debe resultar naturalmente en acciones que se alineen con Su voluntad. En esencia, Santiago expone el tema de "vivir por la fe" o alcanzar la madurez espiritual. Su estilo de escritura se asemeja a una serie de sermones refinados diseñados para una publicación más amplia para guiar a los creyentes hacia una comprensión y aplicación más significativa de su fe.

James prioriza el comportamiento cristiano y considera la ética como la expresión exterior de la creencia interior. Si bien toca las doctrinas cristianas, su principal preocupación radica en la manifestación práctica de la salvación en la vida cotidiana: lo que a menudo describe como "fe en el cuero del zapato". Este énfasis resalta su deseo de que los creyentes vivan su fe de manera tangible, reflejando el poder transformador de la gracia de Dios a través de sus acciones y actitudes.

Las enseñanzas de Santiago se basan en gran medida en el Sermón de la Montaña de Jesús. En este discurso ético fundamental, Jesús esbozó los principios de una vida recta. Santiago hace numerosas referencias o alusiones a este sermón, particularmente en Mateo 5 al 7, lo que refleja su comprensión y aplicación profundamente arraigadas de las enseñanzas de Jesús. Por ejemplo, el llamado de Jesús a la justicia en Mateo 5:20, que supera el de los escribas y fariseos, se repite en el énfasis de Santiago en demostrar un comportamiento recto de manera práctica.

Jesús estableció la meta de que los creyentes sean perfectos, como lo ejemplificó el Padre celestial (Mateo 5:48). Este llamado a la madurez a la semejanza de Cristo resuena en todas las exhortaciones de Santiago. Aclara y elabora este objetivo a través de sus enseñanzas sobre diversos comportamientos, instando a los creyentes a buscar la madurez espiritual y la firmeza en su caminar cristiano.

La Epístola de Santiago sirve como una guía práctica para la vida cristiana, profundamente arraigada en las enseñanzas éticas de Jesucristo. Desafía a los creyentes a integrar su fe con la acción, esforzándose por alcanzar la madurez y la rectitud mientras navegan por los desafíos y los gozos de seguir a Cristo.

Jesús brindó ideas significativas sobre el comportamiento cristiano y el crecimiento espiritual en el Sermón del Monte. Tres revelaciones clave de este sermón forman un marco fundamental que Santiago elabora en su epístola. Estas ideas son cruciales para comprender cómo los creyentes pueden madurar en su caminar cristiano.

En primer lugar, Jesús enfatizó en Mateo 5:20 la justicia superior que los creyentes deben exhibir, contrastándola con la justicia superficial de los escribas y fariseos. Esto establece el estándar de conducta ética, instando a los creyentes a buscar la aprobación de Dios en lugar de la alabanza humana. Santiago se basa en esto demostrando cómo este principio se aplica en la práctica en varios aspectos de la vida, instando a sus lectores a vivir para la aprobación de Dios en lugar de buscar la validación de los demás.

En segundo lugar, Jesús enseñó en Mateo 5:48 que los creyentes deben esforzarse por alcanzar la perfección, siguiendo el modelo de la perfección del Padre celestial. Este llamado a la madurez en Cristo subyace a la exhortación de Santiago a lo largo de su epístola, mientras aborda comportamientos y actitudes específicos que reflejan esta meta de perfección espiritual.

En tercer lugar, Jesús advirtió contra la práctica de la justicia para ser visto por otros en Mateo 6:1. Animó a los creyentes a vivir con sinceridad y humildad, buscando únicamente la aprobación de Dios. Santiago amplía esta enseñanza al ilustrar cómo la fe genuina debe manifestarse de manera práctica, especialmente frente a las pruebas y desafíos.

James alinea sus enseñanzas estrechamente con estos principios fundamentales del Sermón del Monte. Por ejemplo, en el capítulo 1 de su epístola, Santiago aborda el comportamiento de responder a las pruebas con paciencia y resistencia, revelando el propósito de Dios al usar las pruebas para desarrollar la madurez personal en los creyentes. Él enfatiza que soportar las pruebas con fe conduce al crecimiento espiritual y a la firmeza.

En el capítulo 2, Santiago confronta el comportamiento del prejuicio, enfatizando el deseo de Dios de que los creyentes amen a todas las personas. Explica que la fe genuina debería resultar naturalmente en acciones que demuestren imparcialidad y amor, contrarrestando los efectos divisivos del prejuicio.

La epístola de Santiago es una exposición práctica de las enseñanzas de Jesús en el Sermón del Monte, que guía a los creyentes a vivir su fe de manera auténtica y madurar espiritualmente. Muestra la conexión inseparable entre la fe y las obras, enfatizando que la verdadera vida cristiana implica creer en Cristo y una vida transformada que refleje sus enseñanzas.

En el capítulo 3 de la epístola de Santiago, la atención se centra en el poder de nuestro habla. Santiago enseña que Dios desea que los creyentes usen sus palabras para bendecir a otros: a Dios mismo y a sus semejantes. El método para lograr este objetivo es buscar y aplicar la sabiduría de Dios, que nos permite hablar palabras que edifican y alientan.

Pasando al Capítulo 4, James aborda los conflictos dentro de las relaciones interpersonales y personales internas. Aquí, la meta de Dios es que los creyentes busquen y mantengan la paz con los demás. El método que prescribe Santiago es la sumisión a Dios: ceder a su voluntad y guía al manejar los conflictos externos o internos.

El capítulo 5 centra la atención en el uso del dinero. Santiago enseña que el objetivo de los creyentes es utilizar sus recursos para servir a los demás en lugar de acaparar riquezas egoístamente. Para lograr esta meta, Santiago aconseja paciencia al confiar en la provisión y guía de Dios, junto con oración ferviente buscando Su sabiduría y dirección en asuntos financieros.

El estilo de escritura de James a menudo se describe como conciso e impactante, similar a un collar de perlas donde cada párrafo se presenta como una entidad distinta pero interconectada en tema y propósito.

Al aplicar las enseñanzas de la epístola de Santiago, se pueden destacar dos afirmaciones: En primer lugar, la vida de fe está plagada de desafíos y obstáculos que los creyentes deben superar para alcanzar la meta de Dios de un comportamiento justo. James identifica tres fuentes principales de oposición:

> El espíritu o filosofía predominante en el mundo, que a menudo fomenta la evitación de juicios (Capítulo 1), el favoritismo hacia los influyentes (Capítulo 2), la autopromoción a través del discurso (Capítulo 3), la afirmación de los derechos personales (Capítulo 4) y la búsqueda incesante de riqueza (Capítulo 5).

Para vivir fielmente según las enseñanzas de Santiago, los creyentes están llamados a confrontar y resistir estas influencias mundanas, y en lugar de ello, abrazar los principios de Dios de resistencia, humildad y altruismo en cada aspecto de la vida.

Santiago enfatiza la necesidad de negar los deseos de nuestra carne como un aspecto crucial de vivir la fe cristiana. En su epístola, Santiago usa metafóricamente el término "carne" (griego: sarx) para denotar nuestra naturaleza humana pecaminosa: la inclinación hacia deseos egoístas y comportamientos pecaminosos heredados de Adán antes de nuestra regeneración espiritual.

A lo largo de su carta, Santiago identifica tres fuentes principales de oposición que los creyentes deben enfrentar en su camino de fe.

En primer lugar, la carne representa nuestra naturaleza pecaminosa, instándonos a complacernos en deseos egoístas y ceder a las tentaciones, especialmente durante las pruebas (Capítulo 1). Promueve el amor propio por encima del amor por los demás (Capítulo 2), la autoglorificación en lugar de la humildad y el servicio (Capítulo 3), la autoafirmación en lugar de la sumisión a Dios (Capítulo 4) y un comportamiento egoísta en lugar de generosidad hacia los demás. (Capítulo 5).

En segundo lugar, Santiago amonesta a los creyentes a resistir al diablo, quien se opone activamente a la obra de Dios de producir justicia en nuestras vidas. Satanás engaña al sugerir que Dios es indiferente u hostil hacia nosotros a través de las pruebas (Capítulo 1), promueve el favoritismo para beneficio personal (Capítulo 2), fomenta la autopromoción en el discurso (Capítulo 3), fomenta la autoafirmación en lugar de la sumisión (Capítulo 4), y aboga por acumular riqueza en lugar de usarla responsablemente (Capítulo 5).

Santiago destaca que la vida cristiana no es sólo un peligro sino también un poder. La fe, afirma, es la clave para superar estos peligros. Trasciende las filosofías del mundo, fortalece a los creyentes contra la atracción de los deseos pecaminosos y los fortalece contra los ataques del diablo . Así, Santiago alienta una vida caracterizada por la confianza y la obediencia continuas a Dios, contrastándola con los comportamientos mundanos y autosuficientes de los incrédulos.

En resumen, la epístola de Santiago llama a una fe firme y obediencia en Dios en medio de pruebas y tentaciones. Desafía a los creyentes a confiar en la sabiduría y la fuerza de Dios para afrontar los desafíos de la vida y vivir de una manera que refleje el poder transformador de la fe en Cristo.

Describir

1. Introducción y Ensayos (Capítulo 1)

- Saludos y Propósito (1:1)
- Gozo en las pruebas (1:2-4)
- Sabiduría en las pruebas (1:5-8)
- La perspectiva de ricos y pobres (1:9-11)
- Resistencia en las pruebas (1:12-18)
- Escuchar y hacer la Palabra (1:19-27)

2. Fe y Obras (Capítulo 2)

- El pecado del favoritismo (2:1-13)
- Fe y obras (2:14-26)

3. Domar la lengua (Capítulo 3)

- El poder de la lengua (3:1-12)
- Sabiduría desde lo alto (3:13-18)

4. Sabiduría y mundanalidad (Capítulo 4)

- Los placeres mundanos versus la voluntad de Dios (4:1-10)
- Humildad ante Dios (4:11-17)

5. Paciencia y oración (Capítulo 5)

- Advertencia a los ricos (5:1-6)
- Paciencia en el sufrimiento (5:7-12)
- El poder de la oración (5:13-18)
- Trayendo de regreso al errante (5:19-20)

Temas teológicos

El Libro de Santiago, ubicado dentro del Nuevo Testamento, presenta un marco sólido de conocimientos teológicos entrelazados con sabiduría práctica para la vida cristiana. Escrita por Santiago, medio hermano de Jesús y líder prominente de la iglesia primitiva, esta epístola aborda aspectos fundamentales de la fe y la conducta esenciales para los creyentes.

Fe y Obras:

Uno de los temas teológicos centrales en Santiago es la relación entre fe y obras. Santiago sostiene enfáticamente que la fe genuina en Cristo debe manifestarse en acciones prácticas y una vida recta. Él declara: "La fe en sí misma, si no tiene obras, está muerta" (Santiago 2:17). Esta postura teológica enfatiza la inseparabilidad de la creencia y el comportamiento, destacando que la verdadera fe produce frutos visibles en la vida del creyente.

Sabiduría y Discernimiento:

Santiago pone un énfasis significativo en la sabiduría y el discernimiento, instando a los creyentes a buscar la sabiduría de Dios en cada decisión y circunstancia. Contrasta la sabiduría terrenal, caracterizada por la ambición egoísta y la discordia, con la sabiduría celestial, marcada por la pureza, la paz y la fecundidad (Santiago 3:13-18). Este tema teológico resalta la importancia de alinear los pensamientos y acciones de uno con la sabiduría divina de Dios, lo que conduce a una vida recta y relaciones armoniosas.

Resistencia y perseverancia:

Otro tema teológico destacado en Santiago es la resistencia en medio de pruebas y desafíos. Santiago anima a los creyentes a considerarlo todo gozo al enfrentar diversas pruebas, sabiendo que las pruebas producen firmeza y madurez en la fe (Santiago 1:2-4). Este tema destaca el poder transformador de las pruebas para moldear el carácter de los creyentes y fortalecer su dependencia de Dios. Refleja una perspectiva teológica que ve las pruebas no como obstáculos sino como oportunidades para el crecimiento espiritual y una intimidad más profunda con Dios.

Santidad práctica y vida recta:

La epístola de Santiago también enfatiza la santidad práctica y la vida recta como expresiones de fe genuina. Aborda temas como el uso adecuado de las riquezas, la imparcialidad hacia los demás, el control de la lengua y la humilde sumisión a la voluntad de Dios. Estas exhortaciones prácticas reflejan la creencia teológica de James de que el cristianismo auténtico implica una doctrina correcta, integridad ética y pureza moral en la vida cotidiana.

Esperanza y juicio escatológicos:

Por último, Santiago incorpora los temas del juicio escatológico y la recompensa divina de su marco teológico. Advierte contra los peligros de la mundanalidad y la autosuficiencia, recordando a los creyentes el inminente regreso de Cristo y la responsabilidad que cada persona enfrentará ante el tribunal de Dios (Santiago 4:12; 5:7-9). Esta perspectiva teológica motiva a los creyentes a vivir preparados y anticipando el reino venidero de Cristo, enfatizando las implicaciones eternas de su fe y conducta presentes.

El Libro de Santiago ofrece un rico tapiz de temas teológicos que resuenan profundamente con los desafíos y aspiraciones del discipulado cristiano. Llama a los creyentes a una fe activa y transformadora que abarca tanto la creencia en Cristo como una vida caracterizada por acciones justas, sabiduría, resistencia en las pruebas, santidad práctica y una anticipación esperanzada del regreso de Cristo. Como tal, Santiago sigue siendo una guía eterna para comprender la conexión inseparable entre las verdades teológicas y su manifestación práctica en las vidas de los creyentes.

PARTE 2: Estudio versículo por versículo

Santiago Capítulo 1:1-27

Saludo

1:1 Santiago, siervo de Dios y del Señor Jesucristo, A las doce tribus en la dispersión: Saludos.

Santiago, el autor de la epístola dirigida a los primeros creyentes cristianos, se presenta con humildad y claridad. Conocido como la forma griega del nombre hebreo "Jacob", James probablemente tiene la distinción de ser medio hermano de Jesucristo. Su viaje de fe comenzó más tarde durante el ministerio terrenal de Jesús, como se menciona en Juan 7:5 y se afirma en los relatos de las apariciones de Jesús después de la resurrección (1 Cor. 15:7). Con el tiempo, Santiago emergió como un líder prominente dentro de la iglesia de Jerusalén, desempeñando un papel fundamental en su historia temprana, como se señala en Gálatas 2:9 y Hechos 15:13-21.

A pesar de su conexión familiar con Jesús, Santiago decide no enfatizar esta relación en su introducción a la epístola. En cambio, se identifica a sí mismo como "un siervo [doulos] de Dios y del Señor Jesucristo". Este término " siervo " significa su completa dedicación y sumisión a Dios Padre y a Jesucristo, lo que ilustra su importante compromiso espiritual. Curiosamente, Santiago y su hermano Judas son únicos entre los escritores del Nuevo Testamento al describirse a sí mismos únicamente como siervos , un testimonio de su reconocimiento y estatura dentro de la comunidad cristiana primitiva.

La elección deliberada de James de centrarse en su servidumbre a Dios y a Jesucristo en lugar de sus vínculos familiares resalta su profunda madurez espiritual y su perspectiva teológica. Al alinearse como siervo de Dios y de Jesús, Santiago afirma su igualdad y su inquebrantable devoción a su autoridad y señorío. Esta declaración hace eco de expresiones similares a las de otros personajes del Nuevo Testamento. Destaca la comprensión significativa de Santiago de su papel dentro del orden divino y la iglesia cristiana primitiva.

La introducción de Santiago establece su identidad y autoridad como autor de la epístola. Destaca su importante postura espiritual como un devoto siervo de Dios y de Jesucristo. Su humilde autodescripción marca el tono de la epístola, enfatizando temas de obediencia, fidelidad y el estatus exaltado de Jesús como Señor junto a Dios Padre.

En la introducción a su epístola, Santiago elige el término " siervo " (griego: doulos) no como una señal de servilismo sino más bien como una insignia de honor y devoción significativa. Este término, que en el primer siglo tenía un significado matizado, se usó en la Septuaginta para describir a líderes estimados como Moisés, David y los profetas, individuos que ocupaban posiciones privilegiadas y honorables en Israel (Deuteronomio 34:5; 2 Sam. 7:5; Jer. 7:25; Amós 3:7). Al identificarse como un doulos de Dios y del Señor Jesucristo, Santiago declara con orgullo su completa y voluntaria sumisión tanto a Dios el Padre como a Jesucristo.

Para James, el término doulos resume su dedicación incondicional al servicio de Jesucristo. Significa no sólo una servidumbre posicional sino un profundo compromiso relacional y lealtad espiritual. Esta autodescripción introductoria establece el tono temático de toda su epístola, enfocándose en cómo los creyentes deben vivir según su identidad como siervos del Señor Jesucristo.

Santiago dirige su carta a "las doce tribus en la dispersión", una frase comúnmente entendida como referencia a los cristianos judíos que viven fuera de Palestina (Mateo 19:28; Hechos 26:7). Si bien algunos eruditos sugieren que Santiago pudo haber pensado que su carta estuviera dirigida tanto a judíos creyentes como a incrédulos, el contenido de la epístola claramente apunta a instruir y animar a los creyentes en su caminar cristiano. Los temas de la fe, las obras, la sabiduría, la resistencia y la vida recta impregnan la carta de Santiago y ofrecen una guía práctica para quienes se esfuerzan por vivir fielmente como seguidores de Jesucristo.

El uso que hace James del término doulos resalta su estimada posición como siervo devoto de Dios y de Jesucristo, destacando su importante compromiso espiritual y preparando el escenario para sus enseñanzas sobre la auténtica vida cristiana. Su epístola sigue siendo un llamado eterno a la fe genuina expresada a través de obras justas, la búsqueda de sabiduría y una perseverancia firme, que refleja el poder transformador de una vida entregada al servicio del Señor Jesucristo.

La epístola de Santiago comienza con un saludo dirigido a "las doce tribus en la dispersión", una frase que tradicionalmente se refiere a los cristianos judíos esparcidos fuera de Palestina (Mateo 19:28; Hechos 26:7). Esta designación resalta la perspectiva de James sobre la unidad y continuidad de Israel como si abarcara a las doce tribus, rechazando la noción de tribus perdidas y afirmando una visión holística de la identidad de Israel.

Estos destinatarios, probablemente miembros de la iglesia de Jerusalén que se dispersaron después del martirio de Esteban (Hechos 8:1, 4; 11:19-20), recibieron la carta de Santiago independientemente de su ubicación geográfica. Ya sea dentro o fuera de Palestina, el mensaje de Santiago trasciende lugares específicos y ofrece una guía normativa tanto para los cristianos judíos como para los gentiles. Sus enseñanzas reflejan una unidad en Cristo que une fronteras étnicas y geográficas, enfatizando principios compartidos de fe y vida recta.

Contrariamente a las interpretaciones que sugieren que "las doce tribus" representan simbólicamente a la iglesia como un nuevo Israel, Santiago mantiene una comprensión literal arraigada en la herencia judía. A lo largo del Nuevo Testamento, "Israel" se refiere constantemente a los descendientes físicos de Jacob, haciéndose eco de su uso en el Antiguo Testamento. La epístola de Santiago sostiene así esta comprensión tradicional sin introducir innovaciones teológicas relativas a la composición de la iglesia.

El dominio de James en griego es evidente a través de sus elocuentes elecciones de gramática, sintaxis y vocabulario. Su saludo griego común "Saludos" (griego: chairein) refleja su familiaridad con las convenciones helenísticas. Establece un tono acogedor para su epístola. A pesar de escribir para una audiencia judía, James emplea el lenguaje y el estilo de la literatura griega contemporánea, asegurando claridad y accesibilidad para sus lectores.

Los comentarios introductorios de Santiago establecen su epístola como un testimonio de una vida cristiana basada en la tradición judía y principios cristianos más amplios. Su voz autorizada y su prosa clara invitan a los lectores, independientemente de su origen o ubicación, a abrazar la fe, practicar la rectitud y vivir de acuerdo con las enseñanzas de Jesucristo.

Prueba de tu fe

Santiago abre su epístola con una exploración significativa de las pruebas. Este tema resuena profundamente con las experiencias de los primeros judíos cristianos y sigue siendo relevante para los creyentes de hoy. Al dirigirse a una comunidad familiarizada con la persecución y la oposición (experiencias comunes para los judíos conversos en la iglesia primitiva), Santiago brinda consejos inspirados que trascienden el contexto histórico para ofrecer sabiduría duradera.

Para los judíos conversos de la iglesia primitiva, la decisión de seguir a Cristo a menudo resultaba en una intensa hostilidad por parte de sus compañeros judíos que no aceptaban a Jesús como el Mesías. Este antagonismo y persecución, vívidamente descritos en el Libro de los Hechos, subrayaron los desafíos que enfrentaron quienes se mantuvieron firmes en su fe en medio de la presión y el rechazo de la sociedad.

En su carta, el tratamiento que Santiago da a las pruebas refleja una preocupación pastoral por equipar a los creyentes con una perspectiva positiva sobre la adversidad. No descarta las pruebas como experiencias sin sentido o simplemente dolorosas. Aún así, instruye a sus lectores a verlos a través de una lente de fe y perseverancia. Al alentar la resistencia y fomentar una mentalidad que ve las pruebas como instrumentos en las manos de Dios, Santiago enseña que estos desafíos tienen el propósito de moldear a los creyentes para que sean vasos que glorifiquen a Dios.

El valor de las pruebas, según James, reside en su poder transformador. En lugar de obstáculos a la fe, las pruebas se convierten en oportunidades para crecer, refinar el carácter y profundizar la madurez espiritual. Las palabras de Santiago resuenan a través de generaciones, recordando a los cristianos de todas las épocas que soportar las pruebas con fidelidad conduce a una fe fortalecida y más resiliente.

La enseñanza de Santiago sobre las pruebas invita a los creyentes a adoptar una perspectiva basada en la fe, reconociendo que Dios obra a través de las dificultades para moldear a su pueblo y convertirlo en vasos de honor y testimonio. Este mensaje fundamental sigue siendo eternamente relevante y ofrece aliento y guía duraderos para afrontar los desafíos de la vida con confianza firme en los propósitos soberanos de Dios.

1:2 Hermanos míos, tened por sumo gozo cuando os encontréis en diversas pruebas,

En su discusión sobre las pruebas, Santiago abarca un amplio espectro de desafíos que enfrentan los creyentes. Estas pruebas no se limitan a dificultades específicas como reveses financieros o crisis personales, sino que abarcan cualquier situación que ponga a prueba la fe, la integridad o la firmeza de una persona en seguir la voluntad de Dios.

La palabra griega traducida como "pruebas" o "tentaciones" (peirasmois) tiene un significado matizado que va más allá de las meras dificultades externas. Denota una prueba o prueba de la fidelidad, integridad, virtud y constancia de uno. Esto incluye presiones externas, adversidades, luchas internas y tentaciones que alejan a las personas de los propósitos de Dios.

Santiago aclara que estas pruebas no son simplemente sucesos aleatorios, sino situaciones en las que los creyentes se ven tentados a responder de manera contraria a la voluntad de Dios. Él enfatiza que estas pruebas sirven como pruebas de fe, desafiando a los creyentes a permanecer firmes y obedientes a Dios en lugar de sucumbir a comportamientos o actitudes pecaminosas.

El contexto de la carta de Santiago resalta a su audiencia: repetidamente se dirige a ellos como "mis hermanos y hermanas" a lo largo de la epístola, afirmando su estatus como hermanos creyentes en Cristo. Este discurso familiar, que aparece 15 veces en la carta, indica que James les escribe a los cristianos que atraviesan las complejidades de vivir su fe en un mundo desafiante.

Es importante destacar que James no duda de la autenticidad de su fe. Incluso en pasajes como Santiago 2:14-26, donde analiza la relación entre fe y obras, Santiago asume el compromiso genuino de sus lectores con Cristo. Esta comprensión fundamental da forma a las exhortaciones y enseñanzas de Santiago a lo largo de la carta, cimentándolas en la realidad de la vida cristiana en medio de pruebas y tentaciones.

El tratamiento que Santiago da a las pruebas abarca tanto las dificultades externas como las luchas internas, y enfatiza que estas experiencias permiten a los creyentes crecer en la fe y demostrar su compromiso con Dios. Su guía sigue siendo relevante hoy, animando a los cristianos a enfrentar las pruebas con fe, sabiendo que Dios usa estos desafíos para fortalecer y refinar su carácter.

Santiago aconsejó a sus lectores que abordaran las pruebas y tentaciones con una perspectiva que inicialmente podría parecer contradictoria: el gozo. No sugirió que se regocijaran por las pruebas, como si el dolor y el sufrimiento fueran inherentemente buenos. Más bien, los animó a encontrar gozo en el crecimiento espiritual y la madurez que resultan de soportar fielmente las pruebas.

Cuando Santiago dice: "Hermanos míos, tened por sumo gozo cuando os encontréis en diversas pruebas" (Santiago 1:2), no está abogando por una actitud masoquista que celebre el dolor. En cambio, desafía a los creyentes a ver sus pruebas como refinamiento espiritual y oportunidades de desarrollo. Esta perspectiva cambia el enfoque de la incomodidad de las pruebas a los resultados beneficiosos que Dios puede producir a través de ellas.

La frase "todo gozo" también puede entenderse como "puro gozo", enfatizando un gozo no diluido y no afectado por las circunstancias. Este tipo de alegría no depende de factores externos. Aún así, tiene sus raíces en una profunda confianza en la soberanía de Dios y sus propósitos al permitir las pruebas.

Santiago reconoce que las pruebas provienen del mundo, de nuestra naturaleza pecaminosa (la carne) y de la oposición espiritual (el diablo). Santiago enseña que los cristianos pueden responder con gozo a pesar de sus orígenes porque las pruebas conducen a la perseverancia, la madurez y una confianza más profunda en Dios (Santiago 1:3-4).

Por lo tanto, Santiago anima a los creyentes a mantener una actitud de gozo incluso en medio de las dificultades, sabiendo que Dios puede usar estos desafíos para producir una fe firme y madura. Esta perspectiva bíblica nos desafía a confiar en la sabiduría y la bondad de Dios, creyendo que él puede generar crecimiento y transformación a través de cada prueba que enfrentamos.

1:3 porque sabéis que la prueba de vuestra fe produce firmeza. 1:4 Y que la paciencia tenga su pleno efecto, para que seáis perfectos y completos, sin que os falte nada.

Según James, las pruebas tienen un propósito importante en la vida de un creyente: no son sufrimiento arbitrario sino herramientas intencionales que Dios usa para refinar y madurar nuestra fe. Santiago comienza instando a sus lectores a considerar las pruebas como oportunidades de crecimiento y desarrollo espiritual en lugar de meras fuentes de dolor o inconvenientes.

La palabra griega para "probar" (dokimion) que usa Santiago implica demostrar la verdadera calidad o carácter de algo a través de una prueba. Así como el fuego prueba y refina el oro para revelar su pureza, las pruebas prueban y revelan la profundidad y autenticidad de nuestra fe en Dios. Para los creyentes, las pruebas ponen a prueba nuestra confianza y obediencia a Dios, llevándonos más allá de nuestros límites y desafiándonos a confiar más plenamente en Su fuerza y sabiduría.

Santiago enfatiza que estas pruebas, cuando se soportan con paciencia (hypomonen), producen resistencia, firmeza y perseverancia en nuestro camino de fe (Santiago 1:3-4). Esta resistencia no se trata sólo de soportar las dificultades pasivamente, sino de mantenerse activamente firme en la fe en medio de las pruebas, como mantenerse firme en una tormenta.

La meta, como dice Santiago, es que los creyentes lleguen a ser "perfectos y completos", sin que les falte nada (Santiago 1:4). Esta perfección (holokleros) se refiere a estar plenamente desarrollados y madurados en cada área esencial de la vida, cumpliendo el propósito para el cual Dios nos ha llamado. Se trata de alcanzar nuestro máximo potencial en Cristo, creciendo a la semejanza de Cristo mismo (Mateo 5:48).

Por lo tanto, en lugar de tratar de escapar de las pruebas o resentirse por ellas, Santiago anima a los creyentes a abrazarlas con alegría. Este gozo no se trata de celebrar el dolor sino de regocijarnos en la obra transformadora que Dios está logrando a través de las pruebas. Es un reconocimiento de que Dios usa las pruebas para perfeccionarnos, para acercarnos a Su propósito previsto para nuestras vidas.

Santiago enseña que las pruebas no son obstáculos para nuestra fe, sino oportunidades para que ésta se profundice y madure. Al soportar las pruebas con fe y paciencia, los creyentes pueden crecer hasta alcanzar la plenitud de la semejanza de Cristo y convertirse en testigos eficaces de la gloria de Dios en el mundo. Esta perspectiva nos desafía a aceptar las pruebas como parte del proceso de refinamiento de Dios, confiando en que Él está obrando todas las cosas juntas para nuestro bien supremo y Su gloria.

Santiago introduce un concepto significativo en su epístola: vivir por fe. Este tema, que impregna toda la carta, destaca el resultado práctico de la fe genuina en la vida diaria de los creyentes. Para Santiago, la fe no es simplemente un evento pasado de justificación , sino un estilo de vida continuo caracterizado por la confianza en Dios y la obediencia a Sus mandamientos.

Como proponen algunos estudiosos, la frase "pruebas de una fe viva" resume el énfasis de James en la conexión inseparable entre fe y acción. Aborda cómo la fe genuina se manifiesta en la conducta y las decisiones del creyente, especialmente frente a las pruebas, las tentaciones y los desafíos diarios.

James identifica un tema clave entre sus lectores: una comprensión distorsionada de la salvación por la fe y sus implicaciones para la vida cristiana diaria. Se enfrenta a la idea errónea de que la fe puede existir independientemente de las obras o de que el mero asentimiento intelectual a las doctrinas es suficiente para una vida cristiana vibrante. En cambio, Santiago sostiene apasionadamente que la verdadera fe debe producir inevitablemente frutos visibles en el comportamiento y las actitudes del creyente.

Este tema prepara el escenario para la discusión posterior de Santiago en el capítulo 2, donde aborda la relación entre fe y obras. Ilustra que la fe genuina debería resultar naturalmente en acciones que reflejen el carácter y la voluntad de Dios cuando sean puestas a prueba por pruebas y desafíos. La preocupación de James no es sólo teórica; Es profundamente práctico y tiene como objetivo guiar a sus lectores hacia una vida de madurez e integridad espiritual.

James desafía a los creyentes a vivir su fe auténticamente en todos los aspectos de la vida. Los insta a aceptar las pruebas para demostrar su confianza en Dios y permitir que su fe moldee sus respuestas al mundo que los rodea. Este llamado a "vivir por la fe" sirve como un grito de guerra para que los cristianos alineen sus creencias con sus acciones, asegurando que sus vidas den testimonio del poder transformador de una relación genuina con Cristo.

1:5 Si alguno de vosotros tiene falta de sabiduría, pídala a Dios, que da a todos generosamente y sin reproche, y le será dada.

En su carta, James aborda un aspecto crítico de la vida cristiana: la necesidad de sabiduría para afrontar las pruebas con eficacia. Reconoce que las pruebas a menudo revelan deficiencias, incluida la falta de sabiduría; específicamente, la sabiduría divina necesaria para soportar los desafíos con una perspectiva adecuada.

Cuando Santiago habla de sabiduría (griego: sophia), se basa en la tradición de la literatura sapiencial del Antiguo Testamento, donde la sabiduría se describe como la comprensión y la aplicación de la verdad revelada de Dios en la vida diaria. No es meramente conocimiento intelectual sino percepción práctica lo que alinea la vida de uno con el justo orden y la voluntad de Dios (Hiebert, 1978). Esta sabiduría, afirma Santiago, es esencial para los creyentes que enfrentan pruebas, ya que les permite ver estas dificultades desde la perspectiva de Dios en lugar de la del mundo.

En el contexto bíblico más amplio, la sabiduría a menudo se asocia con el Espíritu Santo, quien otorga entendimiento y guía a los creyentes a vivir de acuerdo con los principios de Dios. Esto se alinea con la enseñanza de Santiago de que el cristiano sabio se somete a la verdad revelada de Dios, particularmente en las Escrituras.

Santiago enfatiza que si bien el mundo puede tratar de evitar las pruebas a toda costa, viéndolas como experiencias puramente negativas, la perspectiva cristiana debería ser diferente. En lugar de buscar escape, se anima a los creyentes a aceptar las pruebas con alegría, sabiendo que tienen un propósito transformador en su crecimiento espiritual. Esta perspectiva contrasta marcadamente con la sabiduría mundana, que a menudo da prioridad al confort inmediato y a evitar el malestar.

Al vincular la sabiduría con la capacidad de soportar las pruebas con alegría y fidelidad, Santiago destaca el resultado práctico de la fe. La sabiduría capacita a los creyentes para responder a las pruebas no con desesperación o evasión sino con firmeza y una confianza más profunda en Dios. Esta comprensión es crucial para el tema general de Santiago de vivir por la fe. Este tema impregna su carta y guía a los creyentes hacia la madurez y la plenitud en Cristo.

En la exhortación de Santiago sobre la sabiduría, enfatiza la naturaleza esencial de entender la vida desde la perspectiva de Dios. Alienta a los creyentes a buscar continuamente esta sabiduría a través de la oración, usando un imperativo presente activo en griego que significa acción continua, lo que implica que pedir sabiduría debe ser una práctica regular (Hodges, 1102).

Santiago asegura a los creyentes que Dios responde generosamente a quienes buscan sabiduría con sinceridad. Utiliza términos como "libremente" y "gracias" para describir la actitud de Dios hacia la concesión de sabiduría, enfatizando que Dios da sin reproche ni reservas. Esto significa que Dios no le reprocha los fracasos pasados al peticionario ni le niega sabiduría basándose en defectos futuros (Hiebert, 224).

Esta promesa de la generosidad de Dios está arraigada en su carácter de Padre amoroso y sabio que desea que sus hijos crezcan en comprensión y madurez. Refleja el principio bíblico de que Dios se deleita en otorgar sabiduría a quienes la piden humildemente, confiando en Su provisión (Isaías 42:3; Mateo 12:20).

Sin embargo, James aclara que la sabiduría que Dios otorga no es necesariamente brillantez intelectual o un coeficiente intelectual más alto. Más bien, es la capacidad de discernir y abrazar la perspectiva de Dios sobre las pruebas y los desafíos. Esto se alinea con la enseñanza más amplia de Santiago sobre soportar las pruebas con alegría y perseverancia, sabiendo que estas experiencias contribuyen al crecimiento espiritual y la madurez (Wiersbe , 13).

Por lo tanto, la instrucción de Santiago sobre la búsqueda de la sabiduría resalta la importancia de alinear el propio entendimiento con la verdad de Dios, particularmente en cómo los creyentes abordan y soportan las pruebas. Esta búsqueda de la sabiduría es esencial para afrontar las dificultades de la vida de una manera que honre a Dios y refleje Su sabiduría y gracia.

1:6 Pero pida con fe, sin dudar, porque el que duda es como la ola del mar impulsada y sacudida por el viento.

En las enseñanzas de Santiago sobre la oración y la fe, destaca el papel fundamental de la fe como fundamento de una oración eficaz. Según el entendimiento bíblico, pedir "con fe" implica creer en las promesas de Dios o en su capacidad para actuar incluso cuando no se articulan promesas específicas (Mateo 8:1-4; Marcos 4:35-41).

James enfatiza que la fe es la condición esencial para la oración, lo que implica una confianza completa en la fidelidad y el poder de Dios (Hiebert, 225). La frase "sin duda alguna" en la traducción de la NASB se entiende mejor como preguntando "en fe, libre de motivos divididos y actitudes divisorias" (Hodges, 1102). Esto aclara que a Santiago le preocupa una fe indivisa, sincera y totalmente dependiente de Dios.

Cuando los creyentes oran con motivos divididos o con corazones dudosos, Santiago los compara con las olas del océano sacudidas por fuerzas externas, como el viento (kludon en griego), que altera su estabilidad y consistencia (Mayor, 31). Esta metáfora ilustra cómo la falta de fe y coherencia al confiar en la voluntad de Dios puede llevar a la inestabilidad en la vida de un creyente, similar a cómo las olas son impulsadas por presiones externas en lugar de la firmeza interna en el Espíritu Santo.

La analogía de las olas impulsadas por el viento resalta la necesidad de que los creyentes anclen firmemente su fe en el carácter y las promesas de Dios, resistiendo la tendencia a vacilar o dejarse llevar por las circunstancias. Así como las olas del mar fluctúan según las condiciones externas, también la fe de un creyente puede flaquear sin una confianza firme en la soberanía y la bondad de Dios.

Por lo tanto, la instrucción de Santiago anima a los creyentes a orar a Dios con fe inquebrantable, confiando en Su capacidad para actuar de acuerdo con Su voluntad y propósitos. Esta fe firme fortalece la vida de oración y fomenta la estabilidad espiritual en medio de circunstancias fluctuantes.

1:7 Porque no debe suponer tal persona que recibirá algo del Señor;

Las luchas de un individuo así son tanto subjetivas como objetivas. Subjetivamente, sienten que sus circunstancias dictan su camino en lugar de confiar en la guía de Dios. Objetivamente, estos desafíos son reales y están a merced de acontecimientos incontrolables. Este tipo de inconsistencia, descrita como "de doble ánimo" o "inestable" (Santiago 1:8), refleja una resistencia a la obra transformadora de Dios a través de las pruebas.

En lugar de permitir que las pruebas refinen su carácter y su fe, Dios debe educarlos acerca de su actitud hacia estos desafíos. En el contexto de Santiago 1, el término "cualquier cosa" (Santiago 1:7) se refiere principalmente a la sabiduría (Santiago 1:5). Si tal persona no confía completamente en Dios ("pedir con fe", Santiago 1:6), pierde la confianza que surge de saber que Dios es soberano sobre sus pruebas. En consecuencia, no pueden esperar recibir del Señor la sabiduría espiritual que necesitan.

En una escala más amplia, la falta de confianza en Dios socava la seguridad de creer en Su verdad revelada, que abarca Su control sobre todos los aspectos de la vida.

1:8 es un hombre de doble ánimo, inestable en todos sus caminos.

En este pasaje, el término "de doble ánimo" (griego: dipsychos , literalmente dos almas; cf. Santiago 4:8) describe a alguien que sólo confía y obedece parcialmente a Dios, careciendo de coherencia en su fe. Una persona así se caracteriza por opiniones o lealtades divididas, similar a individuos como Lot (cf. Génesis 13-19), que vacilaron en su lealtad.

Jesús también habló de la imposibilidad de servir a dos señores (Mateo 6:24), destacando la inestabilidad inherente a la devoción dividida.

Según el texto, el individuo "de doble ánimo" es inestable e inestable, exhibiendo una fe voluble y vacilante similar a la de alguien que se tambalea o se tambalea como un borracho. Este conflicto interno es una batalla continua entre la confianza y la desconfianza en Dios.

Por el contrario, Santiago anima a los cristianos a buscar la perspectiva de Dios sobre las pruebas (Santiago 1:3-4) a través de la oración. Enseña que los creyentes pueden encontrar gozo incluso en las pruebas que los tientan a desviarse de la voluntad de Dios. Este gozo surge de saber que permanecer fiel en la adversidad le permite a Dios usar estos desafíos para producir madurez espiritual y traer gloria a Sí mismo. Así, las pruebas se convierten en oportunidades de crecimiento y alineación con los propósitos de Dios.

1:9 Que el hermano humilde se gloríe en su exaltación,

Santiago continúa su exhortación instando a sus lectores a alinear su perspectiva con la de Dios con respecto a sus pruebas (Santiago 1:2-4). Ahora, amplía este consejo para abarcar todos los aspectos de sus circunstancias.

En Santiago 1:9, se dirige a los creyentes materialmente pobres, animándolos a encontrar gozo centrando sus pensamientos en sus riquezas espirituales: su alta posición en Cristo. Este cambio de perspectiva los desafía a ver más allá de su carencia material inmediata y reconocer el valor y la dignidad eternos que poseen como hijos de Dios. Esta riqueza espiritual contrasta con su pobreza terrenal, recordándoles que su verdadera identidad y valor se encuentran en su relación con Dios más que en sus posesiones materiales.

La enseñanza de Santiago destaca el poder transformador de adoptar el punto de vista de Dios. Al adoptar esta perspectiva, los creyentes pueden encontrar gozo y fortaleza incluso en circunstancias difíciles mientras anclan su identidad y esperanza en las promesas y bendiciones inmutables de Dios.

1:10 y el rico en su humillación porque pasará como flor de la hierba.

Santiago se dirige a los materialmente ricos, advirtiéndoles que recuerden la naturaleza fugaz de sus riquezas, que "pasarán". Los anima a reconocer su verdadera posición ante Dios, marcada por la humildad más que por el orgullo de sus riquezas. Esto contrasta marcadamente con el énfasis social común en el éxito y el estatus materiales.

La frase "gloriarse en su humillación" (Santiago 1:10) resalta la naturaleza paradójica de la fe cristiana, donde abrazar la humildad y reconocer la pobreza espiritual ante Dios se convierte en fuente de verdadero honor. Esta idea refleja el tema bíblico de que Dios exalta a los humildes y abate a los soberbios (Lucas 18:14).

James emplea imágenes vívidas para ilustrar la impermanencia de la riqueza material. Compara las riquezas de los ricos con la hierba que se seca y las flores que se marchitan, basándose en el lenguaje profético de Isaías 40:6-8. Esta metáfora no sólo enfatiza la naturaleza transitoria de las posesiones terrenales sino que también sirve como recordatorio de la brevedad de la vida misma.

Los comentaristas debaten si Santiago se dirige específicamente a los creyentes o a una audiencia más amplia con su amonestación a los ricos. Mientras que algunos argumentan que Santiago probablemente se refiere a creyentes ricos, posiblemente cristianos judíos, dado el contexto (Santiago 1:1; 5:1-6), otros sugieren una aplicación más amplia, que abarca tanto a creyentes como a no creyentes. De todos modos, el mensaje de Santiago resuena universalmente: la riqueza material no tiene valor eterno frente a la muerte y el juicio divino (1 Timoteo 6:9-10, 17-19).

En última instancia, las enseñanzas de Santiago invitan a todos, independientemente de sus circunstancias materiales, a encontrar su verdadero valor y seguridad en la preocupación misericordiosa y amorosa de Dios, trascendiendo las fugaces riquezas y honores terrenales.

1:11 Porque sale el sol con su calor abrasador y seca la hierba; Su flor cae y su belleza perece. Así también el rico se desvanecerá en sus actividades.

"La flor" de "la hierba", como la describe James, representa su fase verde y vibrante cuando está en su apogeo de salud y vitalidad. Sin embargo, este crecimiento exuberante rápidamente da paso a marchitarse y oscurecerse en el clima árido del Medio Oriente, simbolizando la naturaleza transitoria de la prosperidad y la belleza de la vida (cf. Mateo 6:30). De manera similar, Santiago usa estas imágenes para advertir a los ricos que su abundancia material, como la hierba floreciente, también puede desvanecerse rápidamente ("extinguirse") (Santiago 1:10; 4:13).

El contraste entre ricos y pobres resalta una verdad espiritual más profunda: las distinciones terrenales no tienen ningún significado duradero a la luz de la eternidad. El comentario de un incrédulo rico sobre un amigo cristiano pobre resalta esta perspectiva, revelando que si bien la riqueza material queda atrás al morir, el creyente fiel hereda la vida eterna (cf. Santiago 1:10).

Santiago enseña que tanto las pruebas como los triunfos en la vida son temporales. Esta comprensión sirve para moderar nuestra resistencia a través de las dificultades y nos protege contra el exceso de confianza en tiempos de éxito (Santiago 1:2-4). Al reconocer la naturaleza fugaz de las circunstancias terrenales, se anima a los creyentes a cultivar una fe resiliente que se mantenga firme en cada etapa de la vida.

La sección introductoria de Santiago (Santiago 1:2-11) armoniza con su conclusión (Santiago 5:7-20). Ambos segmentos enfatizan la importancia de la paciencia en la adversidad (Santiago 1:2-4; 5:7-12) y el poder de la oración en todas las circunstancias (Santiago 1:5-8; 5:13-18). También comparten un enfoque temático sobre las diversas experiencias y contrastes de la vida (Santiago 1:9-11; 5:19-20), lo que ilustra el enfoque holístico de Santiago hacia la sabiduría espiritual y la vida práctica en la fe cristiana.

1:12 Bienaventurado el hombre que permanece firme en la prueba, porque cuando haya superado la prueba, recibirá la corona de la vida, que Dios ha prometido a los que lo aman.

Santiago ha revelado el propósito transformador de las pruebas en la vida de los cristianos, ilustrando cómo Dios las usa para refinar y perfeccionar a los creyentes. Enfatiza la importancia de obtener la perspectiva de Dios sobre las pruebas, especialmente cuando su propósito puede parecer oscurecido por la dificultad.

En el futuro, Santiago aborda las consecuencias de la obediencia y la desobediencia y explora los orígenes de las tentaciones. Su objetivo es dotar a sus lectores de la comprensión necesaria para afrontar eficazmente sus pruebas y permanecer firmes en su fe.

A la luz del uso previsto de Dios de las pruebas, Santiago anima a los creyentes a perseverar con alegría en la voluntad de Dios. Destaca que cada desafío externo también conlleva una tentación interna: un atractivo para pecar (Santiago 1:14). Por eso, quien soporta las pruebas sin sucumbir a estas tentaciones demuestra su amor a Dios. Aquí, Santiago usa la misma palabra griega para pruebas que en el versículo 2, enfocándose ahora en el aspecto negativo de las tentaciones que acompañan a las pruebas.

A aquellos que fielmente soportan pruebas severas, resistiendo las tentaciones por amor a Dios, se les promete "la corona de la vida" (Santiago 1:12), haciéndose eco de la seguridad dada en Apocalipsis 2:10. Esta corona representa la recompensa máxima: una vida eterna cumplida y una posición exaltada con Cristo, reservada para aquellos que permanecen fieles a través de las pruebas (Mateo 5:3-10; 5:11-12).

Santiago aclara que esta "vida que Dios ha prometido" excede el regalo inicial de la vida eterna recibido en la salvación (Juan 5:24). Significa una mayor calidad de vida, otorgada como recompensa por perseverar fielmente más allá de la fe inicial.

Sin embargo, Santiago también hace una seria advertencia a través de la analogía de Esaú, quien hizo caso omiso de su primogenitura para obtener una gratificación inmediata (Génesis 25:29-34). De manera similar, los cristianos que subestiman su herencia espiritual pueden perder sus bendiciones. A pesar de ser herederos de las promesas de Dios, aquellos que descuidan su primogenitura espiritual corren el riesgo de ser rechazados de la bendición suprema reservada para los fieles.

En resumen, Santiago llama a los creyentes a perseverar en su fe en medio de las pruebas, resistiendo las tentaciones que los acompañan, asegurando así la recompensa eterna prometida por Dios para quienes lo aman y permanecen firmes en la obediencia.

Santiago destaca la importancia crítica del amor genuino por Dios entre los cristianos, enfatizando que no todos los que afirman tener fe realmente encarnan este amor (Santiago 1:12). Incluso Jesús consideró necesario exhortar a sus discípulos en cuanto a su amor por Él (Juan 14:21-24), revelando que el amor por Dios se evidencia más profundamente durante las pruebas y desafíos.

El concepto de recibir coronas en las Escrituras simboliza varias recompensas otorgadas a los creyentes fieles en lugar de coronas físicas literales. Estas recompensas simbólicas resaltan cualidades como la fidelidad, la resistencia, el liderazgo, la lealtad a Cristo, la evangelización, el discipulado y la victoria sobre el mundo (1 Corintios 9:25; 1 Tesalonicenses 2:19; 2 Timoteo 4:8; Santiago 1:12; Apocalipsis 2:10; 1 Pedro 5:4).

Estas coronas y otras metáforas como metales preciosos y prendas de vestir significan las recompensas eternas que esperan a los creyentes que demuestran su amor a Dios perseverando en las pruebas y permaneciendo firmes en su fe. Abarcan no sólo la promesa de vida eterna abundante, sino que también incluyen bendiciones como reinar con Cristo, intimidad con Él y aceptación y alabanza eternas de Dios.

Los creyentes pueden esperar una herencia futura que incluya la entrada al reino de Dios, la vida eterna y la participación en la gloria del reinado de Cristo. Aquellos que fielmente soportan las pruebas y demuestran su amor por Dios heredarán estas bendiciones en su máximo potencial en el presente y en el futuro.

1:13 Nadie, cuando es tentado, diga: Estoy siendo tentado por Dios; porque Dios no puede ser tentado por el mal, ni tienta a nadie.

Santiago aclara una distinción crucial con respecto a las pruebas y tentaciones en la vida de los creyentes. Afirma inequívocamente que Dios nunca es fuente de tentación (Santiago 1:13). Contrariamente a algunas creencias erróneas entre ciertos judíos que atribuyeron la existencia del impulso maligno a la creación de Dios, Santiago afirma que Dios, al estar completamente separado del pecado, no puede asociarse con tentar a nadie a pecar (Santiago 1:13).

En términos teológicos, si bien Dios permite que ocurran pruebas y desafíos en nuestras vidas, como los ilustrados en la historia de Job (Job 1-2), Él no nos tienta activamente hacia el pecado. Las principales fuentes de tentación son el mundo, la carne (la naturaleza humana propensa al pecado) y el diablo (Santiago 4:7; 1 Pedro 5:8). Estos elementos, que Santiago no menciona explícitamente en este pasaje, son los principales factores de influencia que llevan a las personas a cometer acciones pecaminosas.

La enseñanza de Santiago se alinea con las instrucciones de Jesús a sus discípulos con respecto a la oración, específicamente en el Padrenuestro, donde Jesús usa una figura retórica (litotes) para enfatizar pedirle a Dios que no nos deje caer en la tentación (Mateo 6:13; Lucas 11:4). . Esta frase no debe interpretarse en el sentido de que Dios tienta activamente a su pueblo, sino que más bien resalta la importancia de buscar su guía y protección contra el atractivo de la tentación.

La implicación práctica de la enseñanza de Santiago es que los creyentes deben confiar en la fuerza de Dios para resistir la tentación y perseverar a través de las pruebas sin atribuir la tentación a Dios. Este entendimiento refuerza la necesidad de depender continuamente de la guía y la gracia de Dios, especialmente durante la adversidad, para mantener un caminar fiel con Él.

1:14 Pero cada uno es tentado cuando su deseo lo atrae y seduce.

Santiago enfatiza la responsabilidad personal al ceder a la tentación en lugar de atribuir la tentación a Dios. Aclara que Dios, en su santidad y bondad, no responde positivamente al pecado. Aún así, ser susceptible a los deseos pecaminosos está dentro de la naturaleza humana (Santiago 1:13).

El término "deseo" (epitimia), a menudo traducido como "lujuria", tiene un significado más amplio en el Nuevo Testamento, que abarca no sólo las pasiones sexuales sino también los deseos egoístas e ilícitos. Santiago destaca que estos deseos se originan dentro de nosotros, reflejando nuestra naturaleza caída (Santiago 1:14). Esto contrasta el carácter de Dios, quien permanece inquebrantablemente santo y justo.

Es crucial comprender la distinción entre que Dios permite las pruebas y nos tienta activamente. Santiago establece un paralelo con la paternidad terrenal: así como un padre amoroso no busca llevar a su hijo al pecado, sino que le permite enfrentar desafíos y tomar decisiones morales para crecer y madurar, así también Dios nos permite enfrentar pruebas, incluidas las tentaciones. para nuestro crecimiento espiritual (Santiago 1:18; Lucas 11:13). Dios, como Padre perfecto, sólo da buenos regalos a sus hijos, buscando su crecimiento y madurez en lugar de su caída moral.

En términos prácticos, reconocer que las tentaciones surgen de nuestro interior o de fuentes externas, pero no de Dios, ayuda a los creyentes a afrontar las pruebas con una mentalidad de responsabilidad y confianza en la guía de Dios. Como un maestro hábil que pone a prueba a los estudiantes para fomentar el crecimiento, Dios permite que las pruebas fortalezcan nuestra fe y nuestro carácter, siempre con la intención de madurar espiritualmente y acercarnos a Él. Esta perspectiva anima a los creyentes a buscar la sabiduría y la fuerza de Dios para resistir la tentación y al mismo tiempo aprovechar las oportunidades de crecimiento que se presentan a través de las pruebas.

1:15 Entonces el deseo, cuando es concebido, engendra el pecado, y el pecado, cuando crece, engendra la muerte.

En el contexto de la enseñanza de Santiago, "lujuria" se refiere a cualquier deseo que busca satisfacerse aparte de la voluntad de Dios. Abarca deseos encubiertos escondidos dentro del corazón y acciones abiertas que se manifiestan como pecado si no se controlan (Santiago 1:14-15). Si no se controla, la lujuria conduce inevitablemente al pecado, y el pecado sin arrepentimiento finalmente resulta en muerte espiritual y, a menudo, física (Romanos 6:21-23; 8:6).

Santiago ilustra vívidamente esta progresión con la analogía de la concepción, el nacimiento y la muerte. Cuando la lujuria concibe y da a luz el pecado, el resultado final es la muerte: la separación espiritual de Dios (Santiago 1:15). Este concepto contrasta marcadamente con el deseo de Dios de guiar a los creyentes a la plenitud de la vida y la promesa de la corona de la vida para aquellos que soportan fielmente las pruebas (Santiago 1:12).

La identificación que hace Mayor de siete etapas sucesivas de tentación resalta cómo ceder a la lujuria implica una rendición gradual de la voluntad a los deseos pecaminosos en lugar de someterse a la guía de Dios (Santiago 1:14). Este proceso gradual, si no se controla, aleja a las personas del camino de justicia previsto por Dios.

La analogía de Martín Lutero sobre los pájaros que vuelan sobre nosotros pero que no anidan en el cabello resume que, si bien pueden surgir tentaciones, los creyentes pueden resistir ceder a ellas mediante la vigilancia y la confianza en la fuerza de Dios (Santiago 4:7).

En última instancia, el mensaje de Santiago obliga a los creyentes a enfrentar la gravedad y las graves consecuencias del pecado. Las imágenes de la muerte sirven como un claro recordatorio de que el camino del pecado nos aleja de la vida abundante de Dios y nos lleva a la muerte espiritual. Resistir la tentación, por otro lado, conduce a la plenitud de vida que Cristo promete (Juan 10:10).

En resumen, Santiago insta a los creyentes a cortar el pecado de raíz de la lujuria ejerciendo vigilancia sobre sus deseos, confiando en la fuerza de Dios y obedeciendo Su voluntad. Esta firmeza asegura que los creyentes caminen por el camino de la vida, asegurando las recompensas eternas prometidas a quienes soportan fielmente las pruebas.

1:16 No os dejéis engañar, amados hermanos míos.

Santiago aborda la cuestión del carácter de Dios y sus tratos con sus hijos, con el objetivo de disipar cualquier duda o concepto erróneo sobre la bondad y las intenciones de Dios (Santiago 1:16). Esta defensa teológica del carácter de Dios se conoce como "teodicea", que busca justificar la justicia y la bondad de Dios a pesar de la presencia del mal y el sufrimiento en el mundo.

Santiago emplea la frase enfática "No os dejéis engañar", utilizada en otras partes de las Escrituras para advertir contra la mala interpretación de los caminos de Dios (1 Corintios 6:9; 15:33; Gálatas 6:7; 1 Juan 3:7). Afirma inequívocamente que Dios no es la fuente de la tentación de pecar (Santiago 1:13). Para ilustrar este punto, Santiago se refiere al ejemplo de Abraham, a quien Dios probó al ordenarle que sacrificara a su hijo Isaac (Génesis 22:2). Esta prueba no fue una tentación a pecar sino una prueba de la obediencia de Abraham, que en última instancia demostró la provisión y fidelidad de Dios al impedir el sacrificio de Isaac (Génesis 22:12).

En los versículos 17 y 18, Santiago aclara aún más la naturaleza y los propósitos de Dios. Destaca que toda buena dádiva y todo don perfecto viene de lo alto, del Padre de las luces, que es inmutable y consistente en su bondad (Santiago 1:17). Esto contrasta marcadamente con la advertencia contra ceder a la tentación en el versículo 15, que resalta las graves consecuencias de sucumbir a los deseos y acciones pecaminosos.

La reflexión teológica de Santiago tiene como objetivo tranquilizar a los creyentes sobre el carácter firme de Dios y sus intenciones benévolas hacia ellos. Los anima a confiar en la bondad y la sabiduría de Dios, incluso en las pruebas y desafíos. Esta comprensión ayuda a los creyentes a resistir el engaño de que Dios pueda tentarlos a pecar. Más bien, los impulsa a abrazar la seguridad de la bondad y la gracia de Dios en todas las circunstancias.

1:17 Todo don bueno y perfecto desciende de lo alto, del Padre de las luces, en quien no hay variación ni sombra de cambio.

Santiago enfatiza que todo acto de dar y todo don perfecto se origina en Dios (Santiago 1:17). El texto griego utiliza dos palabras distintas para resaltar esto: " dosis ", que significa el acto de dar, acompañado por el adjetivo de bien, y " dorema ", que se refiere a los dones recibidos, precedidos por el adjetivo de perfecto. Estas expresiones resaltan que lo que Dios da es consistentemente bueno y sus dones son siempre perfectos (Santiago 1:17).

En contraste con la bondad y perfección de los dones de Dios, Santiago aclara que las tentaciones a pecar no vienen de Dios (Santiago 1:13). Así como Dios creó el sol y la luna para traer luz y variación, su carácter y sus acciones están marcados por una consistencia y pureza inquebrantables, desprovistas de cualquier variación o sombra de cambio (1 Juan 1:5). Esta naturaleza inmutable garantiza que todo lo que Dios hace sea, en última instancia, para Su gloria y el beneficio de Su creación.

La frase "de arriba", traducida de la palabra griega " anothen ", hace eco de la enseñanza de Jesús a Nicodemo sobre la necesidad de nacer de nuevo (Juan 3:7). En este contexto, nacer de nuevo simboliza el nuevo nacimiento como un regalo de Dios, que ilustra Su gracia y poder transformador en las vidas de los creyentes.

La descripción que hace Santiago de Dios como el Padre de las luces, más pura y clara que todas las fuentes de luz creadas, refuerza la imposibilidad de que Él tiente a alguien al mal (Santiago 1:17). Esta perspectiva sirve para anclar a los creyentes en la certeza de la bondad de Dios y su compromiso inquebrantable de brindarles dones perfectos que conduzcan al crecimiento y florecimiento espiritual.

1:18 Él nos hizo nacer por la palabra de verdad, por su voluntad, para que seamos primicias de sus criaturas.

Santiago destaca que el regalo más grande que Dios otorga a los creyentes es el regalo de una nueva vida en Cristo. Este don se origina en la iniciativa deliberada de Dios, descrita como "el ejercicio de su voluntad", que resalta su elección soberana de conceder la vida eterna a través de su revelación especial, a menudo denominada "la palabra de verdad" (Santiago 1:18).

La afirmación de Santiago de la vida eterna como un regalo resalta su creencia en la gracia de Dios como fundamento de la salvación. Esta perspectiva se alinea con la teología paulina, donde la salvación se origina en la voluntad soberana de Dios (Romanos 4:21-22; 2 Corintios 4:6). Dios inicia este don por su propia voluntad, enfatizando su papel como autor y dador de vida.

La metáfora de las "primicias" en el versículo 18 probablemente se refiere a los creyentes que perseveran fielmente a través de las pruebas. En el antiguo Israel, las primicias eran una ofrenda especial a Dios, que simbolizaba la excelencia y el honor. De manera similar, aquellos que permanecen firmes en su fidelidad a Cristo traen honor y gloria a Dios mediante su perseverancia.

El mensaje de Santiago en los versículos 17-18 es claro: la intención de Dios para todas las personas, especialmente los creyentes, es siempre su bendición y crecimiento. En lugar de considerar las tentaciones de desviarse de la voluntad de Dios como enviadas por el cielo, Santiago insta a los creyentes a reconocerlas como obstáculos potenciales para el crecimiento espiritual. Al resistir estas tentaciones, los creyentes se fortalecen en esta vida y anticipan una recompensa gloriosa en el futuro.

El contraste entre el propósito de Satanás en la tentación (sacar lo peor de la humanidad) y el propósito de Dios (sacar lo mejor) es evidente. Satanás busca socavar y destruir, mientras que Dios permite que las pruebas y tentaciones refinen y fortalezcan a su pueblo (cf. Job 1-2).

Santiago ofrece una visión integral del origen, el proceso y la resolución de la tentación, enfatizando el papel de Dios como dador de todo don bueno y perfecto, particularmente la vida eterna a través de Cristo. Esta comprensión fundamental prepara el escenario para la discusión posterior de Santiago sobre la fe . Funciona en el capítulo 2, destacando la conexión inseparable entre la fe genuina, la perseverancia firme y el poder transformador de la gracia de Dios.

Escuchar y hacer la palabra

En su exhortación sobre cómo responder a las pruebas, Santiago enfatiza el papel fundamental de la Palabra de Dios. Destaca la receptividad, la capacidad de respuesta y la resignación a la Palabra de Dios, indispensables para el crecimiento espiritual y la resiliencia ante las tentaciones (cf. Mateo 4,1-11).

Santiago destaca la importancia de la **receptividad a la Palabra** como primer paso. Ser abierto y aceptar la Palabra de Dios permite a los creyentes recibir guía y sabiduría divinas en medio de las pruebas. Esta receptividad implica escuchar la Palabra e internalizar sus verdades y principios en el corazón y la mente.

La capacidad de respuesta a la Palabra surge naturalmente de la receptividad. Implica aplicar activamente las enseñanzas y mandamientos que se encuentran en las Escrituras a la vida de uno. Así como Jesús respondió a cada tentación en el desierto con escrituras apropiadas, Santiago animó a sus lectores a usar la Palabra de Dios contra el atractivo del pecado y las pruebas que ponen a prueba su fe.

La resignación a la Palabra completa el ciclo al enfatizar un compromiso firme de vivir de acuerdo con la Palabra de Dios. Esto implica entregar la voluntad de uno a la autoridad de Dios y alinear las acciones y decisiones de uno con las verdades reveladas en las Escrituras. Tal resignación reconoce que la Palabra de Dios proporciona la guía y las normas definitivas para afrontar las pruebas y los desafíos.

Al fundamentar su exhortación en la Palabra de Dios, Santiago destaca su poder transformador para equipar a los creyentes con discernimiento espiritual, fortaleza y perseverancia. Así como Jesús confió en las Escrituras para vencer la tentación, Santiago anima a sus lectores a hacer lo mismo, sabiendo que la Palabra proporciona el conocimiento y la fuerza para soportar y crecer a través de las pruebas.

1:19 Sepan esto, amados hermanos míos: cada uno sea pronto para oír, tardo para hablar, tardo para enojarse;

James destaca la necesidad de que sus lectores alineen sus acciones con sus conocimientos, particularmente en respuesta a las pruebas. A pesar de que se le recuerdan estos principios (versículos 17-18), Santiago enfatiza que el mero conocimiento no es suficiente: debe ir acompañado de las acciones correspondientes.

Comienza advirtiendo contra las respuestas negativas comunes a las pruebas, como las quejas y la ira. En cambio, aconseja a sus lectores que practiquen la moderación: ser "lentos para hablar" y "lentos para enojarse". Este consejo los alienta a mantener la calma y evitar reacciones impulsivas que puedan empeorar su situación o llevarlos al pecado.

James insta a la escucha activa y la sumisión a la Palabra de Dios, defendiendo que los creyentes deben ser "prontos a escuchar" las instrucciones de Dios. No se trata simplemente de leer las Escrituras mecánicamente, sino de escuchar atentamente con un corazón receptivo y la voluntad de aplicar sus enseñanzas en sus vidas.

La sabiduría que Santiago imparte resuena con los consejos prácticos que se encuentran en varios proverbios (cf. Proverbios 10:19; 13:3; 14:29; 15:1; 17:27-28; 29:11, 20) y se basa en dichos culturales que resaltar la importancia de escuchar sobre hablar. Invoca la imagen de tener dos oídos y una boca, sugiriendo que la comunicación eficaz con Dios y los demás implica escuchar más que hablar.

James desafía a sus lectores a encarnar la sabiduría a través de sus acciones en respuesta a las pruebas: a refrenar su lengua, controlar sus emociones y escuchar activamente la Palabra de Dios. Este enfoque promueve el crecimiento y la madurez personal y fomenta la armonía y la comunicación efectiva en sus relaciones.

1:20 **porque la ira del hombre no produce la justicia de Dios.**

Santiago enfatiza que responder con enojo a las tentaciones no se alinea con la justicia que Dios desea cultivar en el carácter y la conducta de los creyentes. En lugar de permitir que las pruebas y las tentaciones los amarguen, James anima a sus lectores a ver los desafíos de la vida como oportunidades para el crecimiento y la mejora personal.

Critica un enfoque equivocado que busca lograr la justicia a través de medios violentos o motivados políticamente, un tema que amplía más adelante en su carta (4:1-3). Esta condena refleja la preocupación más amplia de Santiago por cómo los creyentes navegan por las pruebas y los conflictos, abogando por respuestas arraigadas en la sabiduría de Dios y caracterizadas por la justicia en lugar de la ira o las estrategias mundanas.

James insta a sus lectores a aceptar las pruebas como herramientas para el refinamiento espiritual, fomentando una mentalidad que busca crecer en rectitud en lugar de amargura en respuesta a las dificultades de la vida. Esta perspectiva resalta la sabiduría práctica y la preocupación pastoral de James por el bienestar integral de su audiencia.

1:21 **Por tanto, desechad toda inmundicia y maldad rampante, y recibid con mansedumbre la palabra implantada, que puede salvar vuestras almas.**

Santiago usa el término "inmundicia" para abarcar todas las formas de comportamiento impuro que se encuentran fuera de la voluntad de Dios, que pueden incluir manifestaciones como ira e ira. También se refiere a los "restos de maldad", que son los hábitos y actitudes persistentes de la vida anterior no redimida (cf. Salmo 17:4; Lucas 6:45). Para los creyentes, Santiago aconseja una aceptación sumisa de la verdad revelada de Dios ("reciban la palabra con humildad") y una respuesta cooperativa a sus mandamientos. Esta actitud receptiva permite que la Palabra de Dios arraigue profundamente, fomentando el crecimiento de un carácter y una conducta rectos en el creyente.

La frase "que puede salvar vuestras almas" ha provocado algunos debates interpretativos. Algunos sugieren que implica una necesidad de salvación continua de la condenación eterna para los lectores cristianos de Santiago. Sin embargo, el contexto y el uso de Santiago aclaran que esta frase no implica pérdida de la salvación o la necesidad de una nueva salvación al pecar. Más bien, la palabra griega "psique", a menudo traducida como "alma", también puede entenderse como "vida", refiriéndose a la persona en su totalidad. En este sentido, Santiago está enfatizando que la Palabra de Dios es poderosa para preservar y enriquecer la vida espiritual de los creyentes, ayudándolos a crecer en fe y justicia.

Esta comprensión se alinea con las enseñanzas más amplias del Nuevo Testamento donde "salvar vuestras almas" o "salvar vuestras vidas" se refiere a preservar y mejorar la vida espiritual en lugar de la salvación inicial del pecado. Por lo tanto, Santiago anima a sus lectores a abrazar la Palabra de Dios con humildad y obediencia, sabiendo que tiene el poder transformador para cultivar una vida fructífera y justa en Cristo.

Santiago enfatiza que al obedecer la Palabra de Dios, el creyente puede preservar su vida—es decir, toda su persona—de las consecuencias destructivas del pecado. Si bien la salvación eterna está segura a través de la fe en Cristo, Santiago aborda las consecuencias prácticas del pecado en la vida del creyente, que puede conducir a diversas formas de muerte, incluidas consecuencias físicas como la enfermedad o incluso la muerte física prematura (cf. Santiago 1:15; 5:19-20; Proverbios 10:27; 1 Corintios 11:30;

La idea de la muerte como consecuencia del pecado resuena profundamente en la literatura sapiencial del Antiguo Testamento, particularmente en Proverbios, donde la relación entre una vida recta y la vida y la necedad que lleva a la muerte es un tema recurrente. Santiago se basa en este trasfondo para resaltar los resultados prácticos de obedecer o desobedecer los mandamientos de Dios. Para Santiago, la obediencia a la Palabra de Dios conduce a la "corona de la vida" (Santiago 1:12), que simboliza la vitalidad espiritual y la recompensa. Por el contrario, la desobediencia puede conducir a diversos resultados perjudiciales, incluidas consecuencias físicas y espirituales.

Comprender este contexto aclara el énfasis de Santiago en las implicaciones prácticas de la fe y la obediencia en la vida cristiana. Destaca la importancia de alinear la conducta de uno con la voluntad de Dios para el crecimiento espiritual y la bendición y evitar las consecuencias dañinas de la desobediencia. Por lo tanto, Santiago anima a sus lectores a abrazar la sabiduría y la justicia, sabiendo que conducen a una vida que honra a Dios y evita las trampas del pecado y sus repercusiones.

1:22 Pero sed hacedores de la palabra, no solamente oidores, engañándoos a vosotros mismos.

Santiago 1:19-21 se enfoca en escuchar y recibir la Palabra de Dios. Sin embargo, en los versículos 22-25, Santiago enfatiza el paso crucial de aplicar o poner la Palabra en práctica.

Santiago declara que simplemente escuchar la Palabra de Dios es insuficiente; la verdadera obediencia implica vivir activamente los mandamientos de Dios, especialmente cuando nos enfrentamos a tentaciones que desafían el compromiso de uno con la voluntad de Dios. Advierte contra el autoengaño entre los discípulos cristianos que podrían creer que el mero conocimiento de la voluntad de Dios es suficiente sin la correspondiente acción. En cambio, Santiago enfatiza que escuchar y comprender la Palabra de Dios debería llevar naturalmente a una vida obediente.

Según James, la aplicación práctica de la Palabra de Dios es esencial para una fe genuina y un crecimiento espiritual. Ilustra esto con la analogía de una persona que mira su reflejo en un espejo e inmediatamente olvida cómo se ve una vez que se da la vuelta. De manera similar, aquellos que escuchan la Palabra pero no la aplican a sus vidas son como individuos que ven su reflejo pero no abordan los problemas revelados.

Santiago destaca que la bendición y el beneficio no provienen simplemente de escuchar o estudiar la Palabra, sino de hacer activamente lo que dice. Este énfasis en la obediencia práctica refleja el mensaje central de su epístola, animando a los creyentes a integrar su fe con sus acciones en la vida diaria. Para la audiencia original de Santiago, acostumbrada a escuchar las Escrituras leídas en voz alta en las sinagogas, su exhortación habría resonado profundamente como un llamado a vivir su fe de manera auténtica y consistente.

1:23 Porque si alguno es oidor de la palabra y no ejecutor, es como un hombre que mira fijamente su rostro natural en un espejo. 1:24 Porque se mira a sí mismo, desaparece y olvida cómo era.

La ilustración de Santiago en los versículos 23-24, comparando a la persona que escucha la Palabra pero no la hace con alguien que mira su reflejo en un espejo y luego olvida su apariencia, es ciertamente sencilla y ampliamente entendida. El verbo griego " katanoeo " implica una observación deliberada y atenta más que una mirada rápida o superficial.

Esta metáfora resalta la importancia de una respuesta reflexiva y reflexiva a la Palabra de Dios. Así como una persona que se mira en un espejo examina cuidadosamente su reflejo para discernir cualquier imperfección o ajuste necesario, los creyentes deben acercarse a la Palabra de Dios con cuidado y estar listos para aplicar sus enseñanzas. El espejo representa la Palabra de Dios, que revela verdades sobre uno mismo y la voluntad de Dios.

El uso que hace Santiago de " katanoeo " enfatiza la necesidad de que los creyentes se comprometan profundamente con las Escrituras, no simplemente hojeando su superficie. Destaca el llamado a estudiar atentamente e internalizar la

Palabra de Dios, permitiendo que sus verdades moldeen sus pensamientos, actitudes y acciones. Este enfoque contrasta con la audición pasiva o la lectura sin respuesta activa u obediencia.

En resumen, Santiago emplea la ilustración del espejo para enfatizar la importancia de un compromiso intencional y profundo con la Palabra de Dios, animando a los creyentes a aplicar diligentemente sus enseñanzas.

1:25 Pero el que mira la ley perfecta, la ley de la libertad, y persevera, no siendo oidor que olvida, sino hacedor que actúa, será bienaventurado en lo que hace.

Santiago se refiere a "la ley" como la revelación de la voluntad de Dios para los cristianos que se encuentra en las Escrituras, a menudo descrita como perfecta porque refleja la voluntad impecable de Dios mismo (cf. Mateo 5:17). A diferencia de un espejo de metal defectuoso, esta ley proporciona un reflejo claro y sin distorsiones de la condición espiritual de cada uno.

El término "ley de libertad" significa que al obedecer la Palabra de Dios, los creyentes encuentran una liberación genuina del pecado y sus consecuencias destructivas, experimentando así la verdadera vida según lo previsto por Dios (Santiago 1:25). Este concepto se alinea con la enseñanza de Jesús sobre la libertad en la verdad (Juan 8:31-32), enfatizando que la adhesión a la Palabra de Dios no es restrictiva sino que más bien capacita a los creyentes para vivir según su verdadera identidad en Cristo.

Santiago coincide con Pablo en cuanto a la libertad que tienen los cristianos bajo la "ley de Cristo", que contrasta con las limitaciones legalistas de la Ley Mosaica (Gálatas 5:1; 6:2; 1 Corintios 9:21). La Epístola de Santiago está profundamente influenciada por esta perfecta ley de Cristo, particularmente los principios articulados en el Sermón del Monte (Mateo 5-7), que sirven como guía fundamental para la vida cristiana.

En resumen, Santiago destaca el poder transformador de la Palabra de Dios—la ley perfecta de Cristo—como esencial para que los creyentes experimenten las bendiciones de Dios en la vida presente y en el futuro prometido por Dios (Mateo 5:3-11). Esta enseñanza resalta la importancia de escuchar y recibir la Palabra de Dios y obedecerla activamente, lo cual es central en la exhortación de Santiago a lo largo de su epístola.

1:26 Si alguno se cree religioso y no refrena su lengua, sino que engaña su corazón, su religión es vana.

Santiago introduce el término "religioso" (gr. threskos) en Santiago 1:26, una palabra que se encuentra sólo una vez en el Nuevo Testamento. Denota alguien que expresa exteriormente su temor o adoración a Dios a través de prácticas religiosas como la limosna , la oración, el ayuno y la asistencia regular a los servicios de adoración y fiestas. Estas prácticas se veían comúnmente entre los judíos, que constituían la audiencia principal de la epístola de Santiago.

Sin embargo, Santiago desafía a sus lectores afirmando que la verdadera espiritualidad no se demuestra simplemente mediante actos religiosos externos. En cambio, enfatiza la importancia de controlar la lengua como una medida más precisa de la madurez espiritual (Santiago 3:1-12). Este cambio de enfoque sugiere que, si bien las prácticas religiosas tienen su lugar, deben ir acompañadas de una auténtica transformación del corazón y de una conducta ética.

La crítica de Santiago se alinea con las enseñanzas de Jesús en Mateo 6:1-18, donde Jesús advierte contra la práctica de la justicia simplemente para el reconocimiento público. En cambio, Jesús fomenta la sinceridad y la autenticidad en la devoción a Dios, enfatizando la disposición interna del corazón sobre las manifestaciones externas de piedad.

El uso que hace Santiago de "religioso" resalta la tensión entre los actos religiosos externos y la transformación interna que debería acompañar a la fe genuina. Insta a sus lectores a priorizar una vida de integridad y autocontrol, particularmente en cómo usan sus palabras, lo que luego expone en su discurso sobre el poder y la responsabilidad del habla (Santiago 3:1-12).

1:27 La religión pura e inmaculada delante de Dios Padre es ésta: visitar a los huérfanos y a las viudas en su aflicción y guardarse sin mancha del mundo.

Santiago enfatiza en Santiago 1:27 que la verdadera religión implica más que actos externos de piedad u observancia religiosa. Destaca dos aspectos clave que reflejan una espiritualidad genuina: el cuidado de personas vulnerables como huérfanos y viudas y el mantenimiento de la pureza moral.

El cuidado de los "huérfanos y viudas" tiene un precedente bíblico importante, que refleja el corazón de Dios por los miembros marginados y vulnerables de la sociedad (Éxodo 22:22-24; Deuteronomio 10:18; Isaías 1:17; Jeremías 5:28; Ezequiel 22: 7; Zacarías 7:10). Significa no sólo acciones benévolas sino un compromiso más profundo con la justicia social y la compasión, alineando la conducta de uno con el carácter compasivo de Dios.

De manera similar, la pureza moral "pura e inmaculada" se refiere a vivir libre de contaminación moral, tanto en la acción como en el pensamiento. Esta pureza no es meramente externa sino que surge de la integridad interior y la devoción sincera a las normas de Dios (Hechos 15:20; 1 Timoteo 5:22). El énfasis de Santiago en la pureza resalta la importancia de mantener un carácter justo que refleje la santidad de Dios.

Al interpretar Santiago 1:27, se hace evidente que la religión genuina trasciende los actos o rituales religiosos superficiales. Implica un compromiso holístico de practicar la verdad de Dios diariamente, exhibiendo amor hacia los demás a través de la compasión y manteniendo la integridad personal ante Dios y la sociedad. Este enfoque integral de la fe se alinea con las enseñanzas de Jesús, que enfatizan la integración de la rectitud interna con expresiones externas de amor y justicia.

Por lo tanto, Santiago llama a los creyentes a vivir su fe auténticamente, no simplemente profesándola con palabras sino demostrándola a través de hechos de compasión y rectitud moral. Esta aplicación práctica de la fe es una expresión tangible de la relación de uno con Dios. Refleja una adhesión genuina a los principios del reino de Dios.

En Santiago Capítulo 1, las cuestiones prácticas de las pruebas y tentaciones sirven como telón de fondo para lecciones espirituales más profundas que se aplican ampliamente a la vida cristiana. James utiliza estos desafíos para resaltar verdades fundamentales que son fundamentales para un compromiso constante con Dios y la obediencia a Su Palabra.

Santiago destaca la importancia de responder apropiadamente a las tentaciones que nos alejan de la voluntad de Dios. En lugar de sucumbir a ellas, Santiago anima a los creyentes a rechazarlas firmemente. Esta respuesta no se trata simplemente de evitar, sino también de regocijarse en las pruebas. Esta perspectiva surge de la creencia de que Dios usa las pruebas y tentaciones para madurar y fortalecer nuestra fe para Su gloria.

Al adoptar este enfoque, los creyentes demuestran un compromiso religioso genuino que trasciende los actos externos de piedad. Implica una transformación interior que refleja una profunda confianza en la soberanía y la bondad de Dios. En lugar de ver las pruebas como obstáculos, Santiago enseña que pueden ser oportunidades para el crecimiento y el refinamiento espiritual.

Por lo tanto, Santiago anima a los cristianos a mantener una fe firme frente a las pruebas, sabiendo que Dios obra a través de estos desafíos para profundizar nuestro carácter y nuestra fe. Esta actitud fortalece nuestra relación con Dios y da testimonio de su poder transformador, ilustrando un compromiso y obediencia genuinos a su voluntad.

Resumen del Capítulo 1

Introducción y saludo (Santiago 1:1): Santiago, identificado como el autor y probablemente hermano de Jesús, dirige esta carta a los cristianos judíos dispersos en el extranjero, enfatizando la perseverancia en las pruebas.

Gozo en las pruebas (Santiago 1:2-4): Santiago comienza animando a los creyentes a contar con gozo al enfrentar diversas pruebas. Explica que las pruebas ponen a prueba nuestra fe, produciendo firmeza, que conduce a la madurez espiritual. Él anima a los creyentes a dejar que la constancia tenga su pleno efecto para que puedan ser perfectos y completos, sin que les falte nada.

Sabiduría en las pruebas (Santiago 1:5-8): Santiago instruye a los creyentes a pedirle a Dios sabiduría cuando enfrenten pruebas, asegurándoles que Dios da generosamente sin reproche. Sin embargo, advierte contra la duda, señalando que una persona de doble ánimo es inestable en todos sus caminos y no debe esperar recibir nada del Señor.

Ricos y pobres (Santiago 1:9-11): Santiago se dirige a los ricos y a los pobres, instándolos a ambos a encontrar su identidad en su posición espiritual ante Dios en lugar de en su riqueza o pobreza. Advierte a los ricos de la naturaleza transitoria de su riqueza y a los pobres de su dignidad en Cristo.

Resistencia en la tentación (Santiago 1:12-18): Santiago destaca la bienaventuranza del que soporta las pruebas, prometiendo la corona de la vida a los que aman a Dios. Aclara que Dios no tienta a nadie con el mal sino que es el dador de todo bien y don perfecto. Explica cómo la tentación surge de nuestros propios deseos, que, cuando son concebidos, dan origen al pecado y finalmente conducen a la muerte.

Escuchar y hacer (Santiago 1:19-27): Santiago enfatiza la importancia de escuchar y hacer la Palabra de Dios. Aconseja a los creyentes que sean prontos para escuchar, tardos para hablar y tardos para la ira. Contrasta el mero oír con la obediencia activa, comparando a quienes oyen pero no hacen con alguien que se mira en un espejo y olvida su reflejo. Alienta la religión genuina expresada a través del cuidado de los vulnerables (huérfanos y viudas) y el mantenimiento de la pureza personal sin ser manchado por el mundo.

Resumen y conclusión: En el capítulo 1, Santiago proporciona sabiduría práctica para afrontar las pruebas, buscar la sabiduría de Dios, comprender la naturaleza de la tentación y vivir la fe auténtica mediante la acción obediente. Destaca el poder transformador de las pruebas y la importancia de la firmeza, la sabiduría y la obediencia activa en la vida cristiana. James prepara el escenario para futuras discusiones sobre la fe, las obras y las implicaciones prácticas de vivir la propia fe en la comunidad y la sociedad.

Capítulo 1 Oración

Padre celestial,

Venimos ante ti con corazones abiertos y humildes, buscando tu sabiduría y gracia en las pruebas y tentaciones. Como nos ha enseñado Santiago, tu Palabra nos recuerda que debemos considerar como sumo gozo cuando enfrentamos diversas pruebas, sabiendo que nuestra fe es probada y fortalecida a través de ellas . Señor, ayúdanos a abrazar esta perspectiva, entendiendo que en las pruebas, Tú nos estás refinando, moldeándonos a la imagen de Tu Hijo, Jesucristo.

Concédenos, oh Señor, la sabiduría de pedirte cuando nos falta entendimiento, creyendo que Tú das generosamente a todos sin reproche. Fortalece nuestra fe, Padre, para que podamos permanecer firmes e inquebrantables, confiando en tu plan soberano para nuestras vidas incluso en medio de las dificultades.

Guarda nuestros corazones, Señor, contra la tentación de la tentación. Ayúdanos a reconocer la fuente de la tentación y a resistirla con el poder de Tu Espíritu. Que seamos rápidos para escuchar Tu Palabra, lentos para hablar apresuradamente y lentos para enojarnos, reflejando Tu paciencia y gracia en todas nuestras interacciones.

Padre, enséñanos a ser no sólo oidores de Tu Palabra sino también hacedores, demostrando Tu amor y verdad en nuestras acciones hacia los demás. Que nuestras vidas estén marcadas por un cuidado genuino por los vulnerables, los huérfanos y las viudas, y por un compromiso con la pureza personal, sin mancharse por los valores de este mundo.

Gracias, Señor, por Tu perfecta ley de libertad que nos guía a la justicia. Fortalece nuestra determinación de vivir fielmente según Tu Palabra, sabiendo que al hacerlo, encontramos verdadera libertad y te honramos en todo lo que hacemos.

En el nombre de Jesús, oramos, Amén.

Capítulo 1 Preguntas

¿Cuál es la razón principal por la que Santiago dice que los creyentes deben considerar como sumo gozo cuando enfrentan diversas pruebas?

¿Cuál es el resultado final de dejar que la perseverancia termine su trabajo?

¿Qué debe hacer un creyente si le falta sabiduría?

¿Cómo debe un creyente pedir sabiduría?

¿Qué le pasa a una persona que duda cuando pide sabiduría?

¿Cómo se describe a una persona que duda?

¿Cómo deberían ver su situación los creyentes de circunstancias humildes?

¿Cómo deberían ver los ricos su situación?

¿Qué analogía usa Santiago para describir la naturaleza temporal de la riqueza?

¿Qué se promete a los que perseveran bajo la prueba?

¿Qué nadie debe decir cuando es tentado?

¿Cómo ocurre la tentación, según Santiago?

¿Cuál es la progresión del pecado descrita en Santiago 1:15?

¿Sobre qué no deberían engañarse los creyentes?

¿Cómo eligió Dios darnos a luz?

¿Cómo deben responder los creyentes al escuchar la Palabra de Dios?

¿Por qué los creyentes deberían deshacerse de toda la inmundicia y el mal moral?

¿Qué dice Santiago acerca de simplemente escuchar la Palabra?

¿Cómo describe Santiago a alguien que escucha la Palabra pero no hace lo que dice?

¿Qué se promete a quienes miran atentamente la ley perfecta que da libertad y continúa en ella?

Santiago Capítulo 2:1-26

El pecado de la parcialidad

La Epístola de Santiago establece un paralelo significativo entre las enseñanzas de Jesús en el Sermón de la Montaña y el Sermón de la Llanura y el comentario práctico de Santiago para la iglesia. Este paralelo se da en el tema y los elementos estructurales, ofreciendo un rico tapiz de aplicaciones para la vida cotidiana.

Mateo 7 y Santiago 2 comparten sorprendentes similitudes. Por ejemplo, Mateo 7:1-27 enfatiza la prohibición del juicio, ilustrada por advertencias contra el juicio hipócrita y la importancia de eliminar las faltas propias antes de ayudar a otros con las suyas. De manera similar, Santiago 2:1-26 aborda la cuestión del favoritismo crítico dentro de la iglesia, instando a los creyentes a no mostrar parcialidad basada en el estatus social.

Ambos pasajes también enfatizan la importancia de tratar a los demás como a uno le gustaría ser tratado, resumido en Mateo 7:12 y repetido en Santiago 2:8-11, donde Santiago resume la ley en amar a los demás como a uno mismo.

El capítulo 2 de Santiago se centra particularmente en la práctica dañina de la parcialidad y su contradicción con la fe genuina. Al mostrar favoritismo, los cristianos no logran demostrar un amor constante por todas las personas, un tema que Santiago confronta a lo largo de su epístola. Así como aborda las inconsistencias al ver los juicios (Capítulo 1) y controlar el habla (Capítulo 3), James destaca la inconsistencia de mostrar un trato desigual a los demás en el Capítulo 2.

La coherencia, enfatiza James, es crucial no sólo en la comprensión teológica sino también en la vida cristiana práctica. Así como en la cocina, donde la precisión garantiza un plato exitoso, en la vida cristiana, el amor y el trato constante hacia los demás reflejan la autenticidad de la fe y la adhesión a los mandamientos de Dios.

La crítica de Santiago a la religiosidad hipócrita en Santiago 1:26-27 sirve como catalizador para abordar un tema generalizado entre los judíos cristianos de su tiempo . Sigue siendo relevante hoy: el amor inconsistente por los demás, evidenciado en cómo se trata a los individuos en función de su estatus social. Esta inconsistencia fundamental impulsó a James a escribir el capítulo 2, instando a su audiencia a confrontar esta falla moral y avanzar hacia la madurez espiritual.

La conexión entre la condena de James de la discriminación social en el Capítulo 2 y sus enseñanzas anteriores en el Capítulo 1 es evidente. James considera que favorecer a los ricos y mostrar apatía o desdén hacia los pobres son dos caras de la misma moneda moralmente en quiebra. Estos comportamientos contradicen directamente los estándares de la religión verdadera descritos en Santiago 1:27 y el mandamiento de amar al prójimo como a uno mismo en Santiago 2:8.

El creyente, insiste James, debe demostrar cortesía, compasión y coherencia universales en sus interacciones con los demás. Esto implica tratar a todos con equidad, amor y fidelidad, virtudes esenciales que reflejan fe genuina y obediencia a los mandamientos de Dios.

El propósito de Santiago en el Capítulo 2 es desafiar a los cristianos a confrontar y rectificar su trato inconsistente hacia los demás, progresando así hacia una madurez espiritual más profunda arraigada en el amor auténtico y la vida recta.

2:1 Hermanos míos, no hagáis parcialidad en la fe en nuestro Señor Jesucristo, el Señor de la gloria.

Santiago aborda la cuestión del favoritismo personal directa e inequívocamente en su epístola. Destaca que mostrar parcialidad, especialmente basada en distinciones terrenales como el estatus social, contradice la adoración de "nuestro glorioso Señor Jesucristo" (Mateo 22:16; Hechos 10:34). En presencia de Cristo, todas las distinciones terrenales se desvanecen (Hebreos 1:2-3), enfatizando la inconsistencia de los cristianos que practican el favoritismo.

Es significativo el uso que hace Santiago del término "glorioso" al dirigirse a sus lectores como "mis hermanos y hermanas". Destaca su llamado a encarnar la bondad fraternal que se alinea con el carácter de su glorioso Señor Jesucristo.

La referencia a "glorioso" probablemente se basa en el concepto judío de Shekinah, la presencia divina de Dios entre su pueblo, que simboliza la verdadera gloria que debe guiar la conducta cristiana.

Para Santiago, la fe genuina en Cristo debería eliminar cualquier admiración por la gloria superficial del estatus social. Distingue "parcialidad" o "favoritismo" (griego: prosopolepsia) de la justicia genuina, que respeta a las personas en función de su valor intrínseco y no de circunstancias externas. Este concepto se repite en Romanos 2:11, Efesios 6:9, Colosenses 3:25 y Hechos 10:34, enfatizando el llamado cristiano a la imparcialidad y la justicia en todos los tratos.

Santiago desafía a los creyentes a rechazar el atractivo del estatus social y, en cambio, demostrar un amor cristiano que trasciende las distinciones terrenales y refleja la verdadera gloria de su Señor Jesucristo.

El favoritismo (parcialidad) muestra una preferencia injusta por una persona o grupo sobre otro, a menudo en detrimento de este último. Puede tener su origen en diversos factores como preferencias personales, relaciones o criterios injustos.

El prejuicio es formarse un juicio u opinión sobre alguien o algo sin conocimiento suficiente, a menudo basado en estereotipos o nociones preconcebidas en lugar de evidencia fáctica. Esto puede conducir a un trato injusto u hostilidad hacia personas o grupos percibidos como diferentes.

El sesgo es una tendencia o inclinación hacia o en contra de algo, alguien o un grupo, a menudo de una manera considerada injusta o injusta. El sesgo puede influir en decisiones, acciones o juicios, afectando el trato de las personas en función de preferencias o prejuicios personales.

La predilección indica una preferencia o gusto por algo, lo que sugiere una predisposición hacia una elección o grupo en particular. Implica un sesgo o inclinación positiva hacia ciertos individuos o cosas, a menudo sin connotaciones negativas asociadas con prejuicios o trato injusto.

Cada uno de estos términos tiene implicaciones sobre cómo los individuos interactúan con otros y toman decisiones, destacando la importancia de la justicia, la comprensión y la empatía en contextos personales y sociales.

2:2 Porque si en vuestra asamblea entra un hombre que lleva anillo de oro y vestido lujoso, y también entra un hombre pobre vestido con ropa andrajosa, 2:3 y si os fijáis en el que viste ropa elegante y decís: Siéntate aquí en un buen lugar", mientras le dices al pobre: "Párate allí", o "Siéntate a mis pies".

En Santiago 2:2-3, el escenario descrito ha sido denominado "el caso del ujier miope" por algunos comentaristas. Los estudiosos siguen debatiendo si James presentó una situación hipotética o contó un incidente real. Sin embargo, su actualidad tiene poca importancia para el mensaje del pasaje.

Santiago ilustra una escena en la que personas asisten a una reunión, posiblemente a un servicio de adoración o una reunión congregacional, donde la parcialidad es evidente. El término "asamblea" aquí, traducido del griego "sinagoga", probablemente se refiere a las primeras reuniones cristianas en sinagogas judías antes de que los creyentes fueran expulsados por sus homólogos judíos incrédulos. Este contexto sugiere que Santiago escribió esta epístola durante las primeras etapas de la historia de la iglesia.

Algunos comentaristas debaten si este pasaje pertenece a un servicio de adoración público o a una reunión congregacional centrada en un asunto judicial. El término "sinagoga" inicialmente denotaba un lugar de culto público en la literatura cristiana primitiva. Sin embargo, los versos siguientes insinúan un escenario judicial. Sin embargo, este debate académico no altera significativamente el significado del pasaje.

Las primeras comunidades cristianas a menudo estaban compuestas por miembros predominantemente humildes y pobres. En consecuencia, la conversión de un individuo rico planteaba la tentación de elevarlo a la categoría de converso prestigioso, otorgándole potencialmente un favor indebido. James advierte contra ese favoritismo y advierte contra el trato diferente a los ricos debido a su estatus socioeconómico.

En la época de Santiago, un "anillo de oro" simbolizaba la pertenencia a los niveles superiores de la sociedad romana. Sin embargo, el uso de James puede no ser tan específico. El funcionario a cargo de la disposición de los asientos en la sinagoga, conocido como jazán, dirigió a los asistentes a sus asientos. Mientras tanto, la vestimenta desempeñaba un papel crucial a la hora de distinguir el estatus social: la "ropa brillante" significaba riqueza y prestigio, en contraste con la "ropa sucia" que denotaba pobreza.

Estos detalles enriquecen nuestra comprensión de la crítica de Santiago al favoritismo dentro de la comunidad cristiana primitiva, enfatizando la importancia de la imparcialidad y el cuidado genuino de todos los creyentes, independientemente de su posición social o económica.

2:4 ¿No habéis pues hecho distinciones entre vosotros y os habéis convertido en jueces con malos pensamientos?

La pregunta retórica de James: "¿No has...?" en el texto original griego anticipa una respuesta positiva, enfatizando la expectativa de trato justo e imparcialidad. En el escenario descrito, las acciones del ujier ejemplifican dos errores importantes. En primer lugar, al mostrar favoritismo o hacer distinciones basadas en los beneficios potenciales que el hombre rico podría traer a la iglesia, el ujier no extendió la misma gracia a todos, contrariamente a la naturaleza imparcial de Dios. Este enfoque de doble ánimo refleja hipocresía, donde el pensamiento mundano influye en las decisiones que deberían alinearse con los principios de Dios (Santiago 1:8).

En segundo lugar, el criterio del ujier al sentar a los visitantes revela "motivos malignos" subyacentes. En lugar de priorizar la hospitalidad y la atención genuina, el ujier los evaluó basándose en lo que la iglesia podría obtener de ellos. Esta perspectiva contrasta marcadamente con el mandato bíblico de que los cristianos y las iglesias sirvan a los demás desinteresadamente en lugar de buscar ganancias personales o institucionales (Marcos 10:45).

La declaración concluye con una poderosa reflexión sobre el prejuicio, señalando que no sólo daña a quienes lo padecen, sino que también refleja mal el carácter de quien lo practica. Esto se alinea con las enseñanzas bíblicas que enfatizan tratar a los demás con amor y respeto, independientemente de su estatus social o los posibles beneficios que puedan aportar (Santiago 2:1-9).

2:5 Escuchen, amados hermanos míos, ¿no ha escogido Dios a los pobres del mundo para que sean ricos en fe y herederos del reino que ha prometido a los que le aman?

Santiago plantea tres preguntas retóricas en estos versículos, cada una diseñada para provocar una afirmación positiva, que refleja la estructura del texto griego. En Santiago 2:5, destaca la elección deliberada de Dios de que "los pobres de este mundo sean ricos en fe" y hereden Su reino. Esta elección desafía a los cristianos a alinear sus acciones con los valores de Dios, especialmente en lo que respecta a cómo tratan a los económicamente desfavorecidos (Mateo 5:3; Lucas 6:20).

La narrativa bíblica consistentemente resalta la preferencia de Dios por los pobres y humildes sobre los ricos y poderosos (Lucas 1:52; 1 Corintios 1:26). Esta preferencia tiene sus raíces en la observación de que los pobres a menudo confían en Dios, confiando más profundamente en Él para satisfacer sus necesidades. El "reino" al que se hace referencia aquí probablemente denota el reinado mesiánico de Cristo, actualmente establecido en el cielo, donde los creyentes participan de Su gobierno (Santiago 1:12; Mateo 5:3, 5; Marcos 10:17-22; 1 Corintios 6:9). -10; Gálatas 5:21; Efesios 5:5).

Hay diferentes interpretaciones sobre quiénes constituyen precisamente los "herederos del reino". Mientras que algunos lo entienden en términos generales como todos los creyentes que se alinean con Cristo, otros sugieren que se refiere específicamente a discípulos fieles que viven activamente su fe. De todos modos, Santiago enfatiza que la elección de Dios de los pobres y su rica fe resalta los valores del reino, animando a los cristianos a emular esta perspectiva en sus actitudes y acciones hacia los demás.

2:6 Pero vosotros habéis deshonrado al pobre. ¿No son los ricos los que os oprimen y los que os arrastran a los tribunales?

Cuando un cristiano deshonra a los pobres, contradice directamente el trato que Dios les da, como se destaca en pasajes como 1 Corintios 11:22 y 1 Pedro 2:17. En lugar de mostrar favoritismo hacia sus compañeros creyentes, Santiago recuerda a sus lectores que históricamente los ricos a menudo los oprimieron. Esta opresión podría manifestarse en diversas formas, incluido el maltrato físico o la persecución legal, como se evidencia en pasajes como Marcos 13:9, Hechos 4:1-3, Hechos 13:50, Hechos 16:19 y Hechos 19:23-41..

Santiago enfatiza la inconsistencia de estimar a los enemigos y despreciar a los de la misma comunidad cristiana. El término "oprimir" implica un maltrato grave que podría incluso llevar a arrastrar a alguien ante los tribunales injustamente, ya sea mediante la fuerza física o mediante maniobras legales.

Esta perspectiva desafía a los cristianos a reflejar la naturaleza imparcial y compasiva de Dios en sus interacciones, especialmente hacia aquellos económica o socialmente desfavorecidos. Destaca la importancia de alinear las propias acciones con los valores de justicia, misericordia y amor de Dios en lugar de perpetuar los prejuicios e injusticias mundanas.

2:7 ¿No son ellos los que blasfeman el nombre honorable que fuiste llamado?

Los ricos no sólo tienden a oponerse a los cristianos, sino que también frecuentemente blasfeman o hablan con desprecio del mismo Cristo, como era cierto en tiempos de Santiago y sigue siendo una realidad hoy. Santiago señala la inconsistencia en dar honor especial a aquellos que muestran desprecio por el Señor, a quien los creyentes aman y sirven profundamente. Blasfemar, según el término griego " blasphemeo ", implica burlarse o hablar irrespetuosamente de Dios. Esto puede haber sido particularmente frecuente entre los judíos incrédulos durante la era de Santiago (cf. Hechos 13:45).

Cuando Santiago se refiere al "buen nombre con el que habéis sido llamados", probablemente se refiere al nombre bajo el cual los creyentes encuentran su identidad y protección, en lugar de simplemente sus nombres personales. Esto enfatiza el significado espiritual de alinearse con los valores de Cristo en lugar de los estándares mundanos.

Con respecto a la aparente crítica de Santiago a los ricos en los versículos 6 y 7, es importante señalar que no tiene prejuicios contra los ricos como individuos, sino que resalta el comportamiento de algunos individuos ricos para resaltar la locura de darles un trato preferencial. Esto se alinea con las enseñanzas de Jesús de amar incluso a nuestros enemigos (Mateo 5:44; Lucas 6:27, 35), enfatizando que la imparcialidad y el amor deben guiar la forma en que los cristianos interactúan con los demás, independientemente de su estatus social o económico.

2:8 Si cumples la ley real según la Escritura: Amarás a tu prójimo como a ti mismo, harás bien.

La intención de Santiago no es desalentar el honor hacia los ricos, sino abogar por un amor y respeto universal hacia todos los individuos, consistente con el principio de tratar a los demás como nos gustaría que nos trataran a nosotros mismos (Mateo 7:12; Levítico 19:18).). El término "ley real", del griego " basilikos ", denota una ley asociada con la realeza o la realeza. En este contexto, se refiere a la ley del Rey que reina sobre el reino que heredan los creyentes (Santiago 2:5). Esta ley gobierna todas las relaciones humanas, superando otras leyes relativas a la conducta interpersonal (Mateo 22:39; Levítico 19:18).

El epíteto "real" también significa la excelencia y nobleza de esta ley, indicando que refleja una conducta del más alto orden moral, propia de los súbditos de un rey. Este concepto resuena con la comprensión que tenía el Imperio Romano de la "lex regia", conocida por su autoridad y universalidad en todo el reino.

Santiago enfatiza que la "ley real" de Cristo reemplaza las leyes o normas terrenales, incluidas las impuestas por gobernantes como César. Por lo tanto, los cristianos están llamados a defender esta ley de amor e igualdad, tratando a todos con dignidad y respeto, independientemente de su estatus social o distinciones mundanas.

2:9 Pero si hacéis parcialidad, cometéis pecado y seréis condenados legalmente como transgresores.

En este versículo, Santiago emplea la forma verbal de la palabra griega " prosopolepteo ", que también usó en el versículo 1 de este pasaje (2:1-13). La cuestión que James aborda aquí es la práctica de mostrar parcialidad, que contradice directamente la "ley real" que analiza anteriormente. Esta ley real exige tratar a todos los individuos con igual respeto y dignidad, sin favorecer a unos sobre otros (Hechos 10:34). Tal trato preferencial no sólo viola los principios de igualdad y justicia inherentes a la Palabra de Dios, sino que también ignora mandamientos específicos que describen la voluntad de Dios para relaciones interpersonales justas y equitativas (Mateo 7:12; Levítico 19:15).

El pasaje destaca el llamado a demostrar un amor constante en lugar de meros gestos corteses de inclusión. Enfatiza que las personas de bajos ingresos deben ser plenamente aceptadas dentro de la comunidad eclesial. Las diferencias económicas no deberían influir en la forma en que se ofrecen los ministerios; más bien, todos, independientemente de su situación financiera, merecen igual discipulado, cuidado pastoral y amor. Esta perspectiva desafía a la iglesia a priorizar el cuidado espiritual y relacional sobre las consideraciones materiales, afirmando el valor de cada persona a los ojos de Dios.

En definitiva, cualquier acto de favoritismo socava la ley suprema de amar al prójimo como a uno mismo, que resume todos los principios que rigen las relaciones humanas. Esta ley integral exige que los cristianos defiendan la justicia, la equidad y el amor incondicional en sus interacciones con los demás, reflejando el carácter de Dios y los valores de su reino en su vida diaria.

2:10 Porque el que guarda toda la ley, pero falta en un punto, ha llegado a ser culpable de toda ella.

James anticipa que algunos de sus lectores podrían restar importancia a la importancia de mostrar un trato preferencial. Por lo tanto, señala enfáticamente que tales prácticas violan la ley de Dios. Uno se vuelve culpable bajo la ley de Dios al favorecer a ciertos individuos sobre otros. La declaración de Santiago de que "quien guarda toda la ley pero falla en un punto, ha llegado a ser culpable de toda ella" (Santiago 2:10) aclara que violar cualquier parte de la ley de Dios constituye una violación de toda Su norma moral en lugar de solo el mandamiento específico. violado.

Históricamente, el pensamiento judío a menudo segmentaba la ley en mandamientos aislados, donde obedecer uno podía ganar méritos y desobedecer uno incurría en culpa, similar a un libro de contabilidad financiero. Esta mentalidad persiste hoy tanto entre judíos como entre gentiles.

Santiago contrarresta esta perspectiva afirmando que la obediencia a la voluntad de Dios no puede ser selectiva ni parcial. La ley de Dios forma un todo unificado que expresa su voluntad completa para su pueblo. Así como romper un solo panel de una ventana destruye su integridad, violar cualquier parte de la ley de Dios altera Su marco moral. Cruzar cualquier frontera prohibida constituye una transgresión contra la ley, no simplemente un mandamiento específico.

Por lo tanto, Santiago enfatiza la naturaleza holística de la ley de Dios y resalta la necesidad de una obediencia consistente en todos los aspectos de la vida. Esta perspectiva desafía a los creyentes a abrazar la voluntad de Dios, reconociendo que la verdadera justicia surge de la devoción incondicional a Sus mandamientos y no de una adhesión selectiva basada en preferencias o conveniencias personales.

2:11 Porque el que dijo: "No cometáis adulterio", también dijo: "No matéis". Si no cometes adulterio sino asesinato, te has hecho transgresor de la ley.

James ilustra su punto sobre la gravedad de violar la ley de Dios con un escenario hipotético que involucra dos transgresiones extremas: "adulterio" y "asesinato". Si bien es cierto que no todos los pecados conllevan el mismo nivel de consecuencias (algunos pecados pueden tener consecuencias más graves que otros), cada pecado, independientemente de su naturaleza o consecuencias, representa una violación fundamental de la voluntad de Dios.

En este contexto, Santiago destaca la igualdad de todos los pecados en su naturaleza como desobediencia a las normas morales de Dios. El adulterio y el asesinato se utilizan como ejemplos para enfatizar la gravedad de violar cualquier parte de la ley de Dios. Ambos actos son condenados en las Escrituras, destacando las graves consecuencias del fracaso moral y el desprecio por los mandamientos de Dios.

El punto de Santiago es crucial para recordar a los creyentes que ningún pecado debe tomarse a la ligera, sin importar cuán aparentemente menor o mayor sea. Cada pecado perturba la relación entre la humanidad y Dios, lo que requiere arrepentimiento y perdón. Esta comprensión fomenta un enfoque holístico de la obediencia, donde los creyentes se esfuerzan por honrar la voluntad de Dios en todos los aspectos de la vida, reconociendo la gravedad de cada fracaso moral y buscando la restauración a través del sacrificio expiatorio de Cristo.

2:12 Así que hablen y actúen como aquellos que han de ser juzgados bajo la ley de la libertad.

"La ley de la libertad", como la llama Santiago (cf. Santiago 1:25), abarca la ley de Dios que trae liberación a los creyentes. Este concepto se alinea con las enseñanzas del apóstol Pablo de que "para libertad Cristo nos hizo libres" (Gálatas 5:1). Esta libertad bajo la ley de Cristo (1 Corintios 9:21; Gálatas 6:2) contrasta con las prescripciones legalistas de la ley mosaica. Si bien los creyentes disfrutan de esta libertad, también deben reconocer que siguen siendo responsables ante el juicio de Dios (Romanos 14:10-13; 1 Corintios 3:12-15; 2 Corintios 5:10).

Santiago destaca que este juicio concierne principalmente a los creyentes y ocurrirá en el tribunal de Cristo (2 Corintios 5:10). Por lo tanto, se insta a los creyentes a vivir y actuar según este juicio inminente, específicamente evitando prejuicios o favoritismo hacia los demás. Esta advertencia enfatiza la importancia de practicar la imparcialidad y tratar a los demás con la misma gracia y respeto que Dios les ha mostrado.

Si bien los cristianos experimentan la liberación de las limitaciones de la observancia legalista a través de Cristo, todavía están llamados a vivir en alineación con los principios morales de Dios y prepararse para el juicio futuro donde se evaluarán sus acciones y actitudes. Esta perspectiva anima a los creyentes a vivir responsablemente, guiados por el amor, la justicia y una conciencia consciente de su responsabilidad ante Dios.

2:13 Porque el juicio es sin misericordia para el que no ha tenido misericordia. La misericordia triunfa sobre el juicio.

El juicio de Dios es imparcial y justo. No muestra favoritismo sino que evalúa las acciones de cada persona de manera justa. Si bien los creyentes están seguros en su salvación y protegidos de la ira de Dios a través de Cristo (Romanos 8:1), aún enfrentarán consecuencias por sus acciones, especialmente con respecto a cómo tratan a los demás. Esto incluye sufrir una pérdida de recompensa si participan en un favoritismo despiadado (2 Corintios 5:10; Mateo 5:7; 6:15; 7:1; 18:23-25).

Por el contrario, mostrar misericordia e imparcialidad hacia los demás refleja el amor de Cristo y se alinea con Sus enseñanzas (Mateo 25:34-40). "La misericordia triunfa sobre el juicio", como afirma James, enfatizando que el amor debe prevalecer sobre la parcialidad en nuestras interacciones. Los cristianos están llamados a aceptarse y tratarse unos a otros con cortesía, compasión y coherencia, reflejando el amor y la aceptación inclusivos de Cristo.

En la sociedad contemporánea, la parcialidad puede surgir debido a diversos factores, como disparidades económicas, raza, creencias religiosas, afiliaciones políticas, antecedentes educativos y opiniones personales. A pesar de estos desafíos, se insta a los cristianos a superar los prejuicios y extender la compasión cristiana a todos, independientemente de sus circunstancias o pecados. Este enfoque demuestra el poder transformador del amor de Cristo en sus vidas. Es un testimonio de Su gracia y perdón extendido a toda la humanidad.

Por lo tanto, se anima a los cristianos a emular el ejemplo de Cristo acercándose con amor y compasión a personas que puedan ser consideradas marginadas o aquellos cuyos estilos de vida o elecciones difieren. Esto refleja un compromiso genuino de vivir los principios de la fe cristiana y permitir que el amor de Cristo guíe sus interacciones y relaciones con los demás.

La perspectiva de Santiago sobre la Ley Mosaica, como se ve en esta sección de versículos, puede llevar a preguntas sobre cómo veía él la relación entre los cristianos y la Ley. Es importante señalar que Santiago no abogó por que los cristianos se adhirieran a todo el Código Mosaico, como lo demuestran sus palabras en el Concilio de Jerusalén (Hechos 15:13-21). En ese concilio se aclaró que a los creyentes gentiles no se les exigía observar la Ley Mosaica en su totalidad para su salvación.

La Ley Mosaica tenía dos propósitos: regular la vida de los israelitas y revelar el carácter y los propósitos de Dios a ellos y a todos los demás pueblos. Su función reguladora cesó con la muerte de Jesús en la cruz (Romanos 10:4; Hebreos 7:12), ya que fue cumplida y reemplazada por el nuevo pacto en Cristo. Sin embargo, su valor revelador permanece eterno, ya que forma parte de "toda la Escritura", que sigue siendo útil para enseñar y guiar (2 Timoteo 3:16).

Santiago enfatiza que si bien la Ley Mosaica como un cuerpo codificado de regulaciones ya no obliga a los cristianos, sus principios y mandamientos morales que se alinean con el carácter eterno de Dios todavía son aplicables. Estas verdades morales duraderas ahora están incluidas dentro de la "ley de la libertad" o "ley de Cristo", que guía a los creyentes a vivir la voluntad de Dios bajo el nuevo pacto. Esta nueva ley enfatiza los principios de amor, justicia, misericordia y fidelidad que trascienden las fronteras culturales y legalistas y se aplican universalmente a todos los creyentes.

Por lo tanto, si bien mandamientos específicos de la Ley Mosaica pueden continuar informando la conducta cristiana bajo los principios del nuevo pacto, los cristianos no están bajo la Ley Mosaica misma. En cambio, están llamados a vivir bajo los principios liberadores del evangelio, guiados por las enseñanzas de Jesús y los apóstoles, que defienden las verdades morales eternas reveladas a lo largo de las Escrituras.

La fe sin obras está muerta

Algunas interpretaciones ven esta sección de Santiago como un cambio de enfoque del tema de la parcialidad discutido anteriormente (vv. 1-13) a un nuevo tema: la relación entre la fe y las obras. Sin embargo, otros, incluyéndome a mí, ven una conexión más profunda entre estas secciones, similar a la relación entre Santiago 1:19-27 y 1:2-18. Así como el pasaje anterior trató una cuestión fundamental que subyace a problemas prácticos, esta sección amplía las implicaciones de la fe genuina en Cristo, que Santiago presentó en el versículo 1 como incompatible con mostrar parcialidad (prosopolempsia).

Aquí, Santiago profundiza en la naturaleza y el significado de la fe en Jesucristo, que, según él, es incompatible con mostrar favoritismo (Santiago 2:1). Su argumento se centra en la autenticidad y advierte contra el autoengaño superficial. El tema más amplio es, por tanto, la vitalidad y autenticidad de la fe en Dios. James utiliza la cuestión del favoritismo para provocar la introspección entre sus lectores: ¿están realmente viviendo su fe y aplicando sus creencias en su conducta? Su trato parcial hacia los demás sirve como prueba de fuego de la sinceridad y profundidad de su fe.

Santiago contrasta la mera profesión verbal de fe con la demostración activa de esa fe a través de las obras. Destaca que la madurez cristiana genuina implica soportar las pruebas con paciencia (como se analiza en Santiago 1) y vivir la verdad de la Palabra de Dios. Por lo tanto, el tema de esta sección es profesar creencias y practicarlas y encarnarlas activamente en la vida diaria. Simplemente escuchar y discutir la Palabra de Dios es insuficiente; la verdadera fe requiere acción obediente y alineación con la voluntad de Dios.

En resumen, James utiliza la cuestión del favoritismo para desafiar a su audiencia a evaluar la autenticidad y las implicaciones prácticas de su fe. Esta sección destaca la conexión inseparable entre la fe genuina en Cristo y la expresión externa de esa fe a través de acciones y actitudes justas.

La interpretación de Santiago 2:14-26 ha provocado un debate entre los teólogos, principalmente sobre si Santiago se dirige a creyentes o incrédulos en su discusión sobre la fe y las obras. Exploremos cada una de las tres interpretaciones principales:

Pérdida de la salvación (visión arminiana) : algunos interpretan estos versículos como una descripción de un creyente que ha perdido su salvación porque ya no exhibe obras que demuestren una fe genuina. Según este punto de vista, la fe salvadora genuina se evidencia en una vida de buenas obras. Quienes sostienen este punto de vista generalmente creen que una persona puede perder su salvación si no continúa viviendo en fe y obediencia.

Asentimiento intelectual (incrédulo que finge ser creyente) : Otra interpretación postula que Santiago está describiendo a alguien que profesa ser cristiano pero que sólo posee un consentimiento intelectual al evangelio sin una fe salvadora genuina. La fe de esta persona es superficial y carece del poder transformador que resulta en una vida caracterizada por buenas obras. Los defensores de este punto de vista argumentan que Santiago contrasta la fe verdadera y salvadora que produce obras con una fe falsa y superficial que no las produce.

Creyente que vive de manera inconsistente (Creyente que no vive por fe) : La tercera interpretación sugiere que Santiago se dirige a creyentes genuinos que, aunque poseen una verdadera fe salvadora, pueden no vivir consistentemente su fe en sus acciones. Este punto de vista enfatiza la necesidad de que los creyentes alineen su conducta con sus creencias y demuestren su fe a través de acciones obedientes y una vida recta.

Es esencial examinar cuidadosamente el pasaje para discernir qué interpretación se alinea más estrechamente con la intención de Santiago. Santiago sostiene que la fe sin obras está muerta (Santiago 2:17, 26), enfatizando que la verdadera fe naturalmente resulta en acciones que reflejan la obra transformadora de Dios en la vida del creyente. Utiliza ejemplos como Abraham y Rahab para ilustrar cómo la fe genuina se manifiesta en la obediencia y las obras justas (Santiago 2:21-25).

En última instancia, el contexto y el lenguaje de Santiago sugieren que se dirige a aquellos que profesan tener fe pero no la demuestran mediante sus acciones. Desafía a sus lectores a evaluar la autenticidad de su fe examinando si produce frutos en forma de una vida recta y buenas obras.

Si bien el debate continúa entre eruditos y teólogos, comprender la preocupación principal de Santiago (la fe genuina evidenciada por una vida de obediencia y obras) ayuda a aclarar la interpretación que mejor se adapta al contexto del pasaje.

2:14 **¿De qué le sirve, hermanos míos, si alguno dice que tiene fe, pero no tiene obras? ¿Puede esa fe salvarlo?**

Santiago aborda una cuestión teológica crucial en Santiago 2:14-26 con respecto a la relación entre la fe. Trabaja y explica cómo se manifiestan en la vida de un creyente. Hay tres interpretaciones principales entre los teólogos sobre a quién se dirige Santiago y qué pretende transmitir:

Interpretación arminiana : Según este punto de vista, si una persona dice ser cristiana pero no muestra evidencia de fe genuina a través de su estilo de vida, particularmente a través de buenas obras, es posible que nunca haya sido verdaderamente salva o haya perdido su salvación. Esta interpretación refleja la creencia de que la fe salvadora genuina se evidencia en una vida transformada caracterizada por la obediencia a Dios.

Interpretación reformada : La perspectiva reformada, como se mencionó, postula que si una persona profesa ser cristiana pero no muestra evidencia de verdadera fe en sus acciones, para empezar, nunca fue genuinamente salva. Este punto de vista enfatiza que la verdadera fe necesariamente resulta en una vida transformada por la gracia de Dios, que se manifiesta en obras de justicia y obediencia.

Creyente que vive de manera inconsistente : la tercera interpretación reconoce que una persona que dice ser cristiana pero carece de evidencia de fe verdadera en su estilo de vida puede no ser genuinamente salva o tal vez ser un creyente que no vive según su fe. Este punto de vista permite la posibilidad de que los creyentes genuinos luchen contra la inconsistencia. Aún así, resalta la importancia de alinear la conducta de uno con la fe profesada.

En el versículo 14: "¿Puede esa clase de fe salvarlo?" (WEB), el interrogatorio de Santiago utiliza una construcción griega que espera una respuesta negativa. Esta construcción se encuentra en Santiago y 1 Corintios 13:4, enfatizando que la fe sin obras que la acompañen es insuficiente para la salvación. James sostiene que la fe verdadera, evidenciada por acciones alineadas con la voluntad de Dios, realmente salva a una persona.

El énfasis de Santiago en las obras como fruto de la fe genuina hace eco de las enseñanzas de Jesús y otros escritos del Nuevo Testamento que enfatizan la necesidad de que la fe produzca resultados visibles y tangibles en la vida del creyente (Mateo 7:16-20; Efesios 2:8-10). Las obras no son el medio para ganar la salvación, sino el resultado natural y la evidencia de un corazón transformado y una fe genuina en Cristo.

Si bien las interpretaciones pueden variar, Santiago destaca la conexión inseparable entre la fe genuina y una vida de obediencia y buenas obras. Esto se alinea con las enseñanzas bíblicas más amplias sobre la salvación y el poder transformador de la fe en Cristo.

La aparente contradicción entre el énfasis de Pablo en la fe sin obras para la salvación (Efesios 2:8-9; Romanos 11:6) y la afirmación de Santiago de que la fe sin obras está muerta (Santiago 2:17) ha sido un punto de discusión teológica durante siglos. . Sin embargo, comprender sus respectivos contextos y énfasis aclara que Pablo y Santiago abordan aspectos complementarios de la fe cristiana en lugar de doctrinas opuestas.

El énfasis de Pablo : Pablo enfatiza que la salvación es por gracia únicamente mediante la fe, sin obras (Efesios 2:8-9). Sostiene que nadie puede ganarse la salvación mediante sus propios esfuerzos; es un don de Dios recibido por la fe. Esto resalta la verdad fundamental de que la salvación se inicia y se asegura por la gracia de Dios, no por el mérito humano (Romanos 11:6).

El énfasis de Santiago : por otro lado, Santiago enfatiza la conexión inseparable entre la fe genuina y una vida transformada caracterizada por las buenas obras. Sostiene que la verdadera fe produce frutos naturalmente a través de acciones justas y la obediencia a los mandamientos de Dios (Santiago 2:18, 26). Para Santiago, la fe sin obras está muerta, lo que significa que carece de evidencia de una fe salvadora genuina.

El aparente conflicto surge de diferentes énfasis y contextos teológicos:

El contexto de Pablo : Pablo aborda el acto inicial de salvación: ser justificado ante Dios sólo por la fe en Cristo, sin las obras de la ley (Romanos 3:28; Gálatas 2:16). Destaca que la salvación es un don gratuito , no algo que se gana con obras.

Contexto de Santiago : Santiago aborda la demostración y validación continua de la fe a través de una vida de obediencia y buenas obras. Desafía a los creyentes a vivir activamente su fe, demostrando que es genuina y transformadora.

La cita: "Pablo y Santiago no están cara a cara, luchando uno contra el otro, sino que están espalda con espalda , luchando contra enemigos opuestos", ilustra que Pablo y Santiago están abordando diferentes aspectos de la vida cristiana: la salvación inicial por gracia a través de la fe (Pablo) y la demostración continua de fe a través de las obras (Santiago).

Jesús mismo enfatizó la necesidad del discipulado y la obediencia como evidencia de la fe verdadera (Mateo 7:21; Juan 14:15). Usó un lenguaje fuerte para resaltar que la fe genuina produce una vida comprometida a seguirlo y vivir de acuerdo con sus enseñanzas (Mateo 16:24-26; Lucas 9:23-25).

Si bien Pablo y Santiago abordan el tema de la fe y las obras desde diferentes ángulos, sus enseñanzas son complementarias y no contradictorias. Pablo enfatiza que la salvación es por gracia mediante la fe únicamente. En contraste, Santiago enfatiza que la verdadera fe resulta en una vida de obediencia y buenas obras. Juntas, sus enseñanzas brindan una visión holística de la vida cristiana: salvos por gracia a través de la fe y transformados para vivir en obediencia a la voluntad de Dios.

La discusión de Santiago en el versículo 14 y siguientes sobre la fe y las obras toca aspectos cruciales de la vida cristiana y la comprensión de la salvación. Aquí hay un desglose de los puntos clave y las interpretaciones:

Fe y Obediencia : Santiago destaca que la fe genuina en Cristo debe ir acompañada de obediencia y buenas obras. Utiliza la analogía de que la fe sin obras es como un cuerpo sin espíritu: está muerta y es incapaz de cumplir el propósito previsto (Santiago 2:26).

Consecuencias de la fe sin obras : Santiago advierte que la fe ortodoxa, sin la correspondiente obediencia expresada en buenas obras, no puede proteger al cristiano de las consecuencias del pecado en esta vida. Estas consecuencias pueden incluir la pérdida de la comunión con Dios y, en casos extremos, la muerte física (Santiago 5:20; 1 Juan 5:16). Destaca que la fe por sí sola no exime a los creyentes de la disciplina o corrección de Dios (Hebreos 12:6).

Interpretación de "Salvación" : Muchos comentaristas interpretan que las referencias de Santiago a la salvación se refieren principalmente a la liberación o rescate de las consecuencias temporales en lugar de la condenación eterna. La palabra griega para salvación, " soteria ", en su uso bíblico, a menudo se refiere a un concepto más amplio de rescate, preservación o plenitud en varios contextos. Sólo un pequeño porcentaje de los usos del Antiguo Testamento de "salvar" o "salvación" se relacionan directamente con la salvación eterna (alrededor del 7,1%).

Comprensión contextual : comprender el uso que hace Santiago de "salvación" requiere sensibilidad contextual. Aborda el resultado práctico de la fe en la vida cotidiana más que el concepto teológico de la justificación ante Dios. A Santiago le preocupa cómo la fe transforma el comportamiento e impacta a la comunidad cristiana, enfatizando la necesidad de las obras como evidencia de una fe genuina (Santiago 2:18).

Gracia y obras : Es crucial reconciliar el énfasis de Santiago en las obras con la enseñanza de Pablo sobre la justificación por la fe aparte de las obras de la ley (Efesios 2:8-9). Pablo enfatiza que la salvación de la condenación eterna es un don de la gracia de Dios recibido únicamente a través de la fe. Santiago complementa esto destacando que la verdadera fe, si bien no depende de las obras para la justificación inicial, inevitablemente produce obras como fruto natural (Santiago 2:22).

En resumen, la discusión de Santiago sobre la fe y las obras resalta la naturaleza holística de la vida cristiana, donde la fe genuina se evidencia en acciones obedientes y buenas obras. Si bien la salvación de la condenación eterna es únicamente por la gracia de Dios a través de la fe, Santiago enfatiza que una fe que carece de expresión práctica a través de las obras es incompleta e ineficaz para cumplir los propósitos de Dios para los creyentes. Por tanto, la fe y las obras desempeñan papeles integrales en el camino cristiano de discipulado y obediencia.

2:15 Si un hermano o una hermana están mal vestidos y les falta el alimento diario, 2:16 y alguno de vosotros les dice: Id en paz, calentaos y saciaos, sin darles lo necesario para el cuerpo, ¿de qué sirve eso?

En los versículos 15-17, Santiago continúa ilustrando su punto sobre la fe y trabaja con un ejemplo concreto. Pinta un escenario que probablemente resonó en su audiencia en Jerusalén, donde muchos creyentes enfrentaban la pobreza (Romanos 15:25-31; 1 Corintios 16:3). Todos los individuos en esta ilustración son identificados como cristianos genuinos, lo que enfatiza su fe compartida.

La situación que describe Santiago resalta la inconsistencia de afirmar una fe vital (es decir, poner activamente la propia fe en práctica) y no demostrarla a través de las acciones (obras) correspondientes. Esto se alinea con la enseñanza del apóstol Juan de que el amor genuino implica acciones tangibles, no sólo palabras (1 Juan 3:17-18).

James emplea imágenes vívidas para aclarar su punto: imagine a alguien que dice tener fe y bendice verbalmente a un compañero creyente que está en extrema necesidad, diciendo: "Ve en paz, caliéntate y sáciate", pero luego no ofrece ninguna ayuda práctica como proporcionarle ropa o comida. James cuestiona retóricamente la eficacia de meras palabras sin los correspondientes hechos. Ilustra que esa fe sin obras es tan ineficaz como una bendición verbal para salvar la vida de una persona hambrienta: sólo la provisión real de alimentos puede satisfacer la necesidad inmediata.

Una paráfrasis de un erudito griego capta la intención de Santiago en estos versículos: Si alguien dice tener fe pero no actúa en consecuencia, ¿puede esa fe preservarle la vida? Santiago enfatiza que la fe, cuando no va acompañada de obras, está esencialmente muerta y carece del poder vivificante que debería manifestarse en las acciones del creyente hacia los necesitados.

Santiago usa este ejemplo para resaltar que la verdadera fe produce naturalmente obras de compasión y obediencia a la Palabra de Dios. En su enseñanza, la fe y las obras son aspectos inseparables de la auténtica vida cristiana, que reflejan el amor y el cuidado de Dios por los demás de manera práctica y tangible.

2:17 Así que la fe en sí misma, si no tiene obras, está muerta.

La enseñanza de Santiago sobre la fe y las obras, particularmente en los versículos 15-17, aclara que no está sugiriendo que la falta de obras implique una ausencia total de fe o una pérdida de la vida eterna. En cambio, enfatiza que la fe sin las acciones correspondientes (lo que él llama "obras") es esencialmente inactiva e ineficaz.

Santiago ilustra esto con ejemplos prácticos: si alguien dice tener fe pero no actúa para satisfacer las necesidades físicas inmediatas de un compañero creyente que es indigente, su fe, aunque profesada, permanece latente e improductiva. Utiliza el término "muerto" para describir vívidamente dicha fe, no en el sentido de inexistencia, sino en términos de estar inactiva, desprovista de vitalidad y, por lo tanto, incapaz de cumplir el propósito previsto.

La analogía de que la fe sin obras está "muerta" es significativa. Destaca la preocupación central de Santiago: la fe genuina produce naturalmente acciones que se alinean con la voluntad de Dios y demuestran su amor a los demás. Simplemente expresar simpatía o acuerdo sin hechos tangibles que respalden esas creencias no alcanza la obediencia activa que defiende James.

La elección de Santiago de "muertos" resuena con el tema bíblico más amplio de la vida y la muerte. Se basa en la sabiduría de Proverbios, donde la justicia lleva a la vida, pero la persecución del mal lleva a la muerte (Proverbios 11:19). Para James, la cuestión no es la salvación de la condenación eterna sino la vitalidad de la fe en la vida cristiana práctica. ¿Puede la fe que no produce obras salvar a alguien de las consecuencias de descuidar obedecer los mandamientos de Dios y satisfacer las necesidades de los demás? Su pregunta retórica apunta a la respuesta evidente: la fe inactiva no puede.

El uso que hace Santiago de "muertos" para describir la fe sin obras resalta la urgencia y el sentido práctico de la fe cristiana. Desafía a los creyentes a ir más allá de la mera profesión y vivir activamente su fe a través de acciones compasivas y obediencia a la Palabra de Dios. Esta perspectiva resalta la relación dinámica entre fe y obras en el auténtico discipulado cristiano.

2:18 Alguien dirá: "Tú tienes fe, y yo tengo obras". Muéstrame tu fe sin tus obras, y yo te mostraré mi fe por mis obras.

En Santiago 2:18, es evidente el uso de una diatriba, un recurso retórico en el que se plantea y responde una objeción. El objetor presenta un punto de vista que desafía la afirmación de James sobre la relación entre fe y obras. La interpretación de quién dice qué en este versículo puede variar según las opciones de traducción y puntuación.

Usando comillas, la NVI atribuye sólo la primera parte del versículo ("Tú tienes fe; yo tengo obras") al objetor, implicando que Santiago responde a esta declaración en la última parte. Por otro lado, la NASB incluye el versículo completo como la declaración del objetor, lo que sugiere una objeción continua antes de que James ofrezca su refutación.

Dado que el texto griego original no incluía signos de puntuación, determinar la división exacta entre la declaración del objetor y la respuesta de Santiago se basa en pistas contextuales y un flujo lógico. La intención del objetor parece argumentativa en lugar de simplemente hacer una declaración, lo que influye en cómo entendemos dónde termina su objeción y comienza la respuesta de James.

En este contexto, muchos eruditos y comentaristas encuentran sensato alinearse con la puntuación de la NASB, donde el versículo completo se atribuye al objetor. Esta interpretación mantiene un flujo coherente de argumento, donde el objetor desafía la tesis de James. Luego, Santiago proporciona una respuesta detallada en los versículos 19-23, abordando la relación entre la fe, las obras y su inseparabilidad en la auténtica vida cristiana.

Por lo tanto, si bien puede haber diferentes enfoques para puntuar e interpretar este versículo, la preferencia por entender la objeción del objetor en su totalidad, como en la NASB, ayuda a mantener claridad y coherencia en el argumento de Santiago sobre la conexión necesaria entre la fe y las obras en la vida cristiana. vida.

La objeción planteada por el hipotético objetor en Santiago 2:18 desafía la noción de que las buenas obras son la evidencia necesaria de la fe salvadora. Este punto de vista sugiere que si bien las buenas obras son de hecho una manifestación de fe genuina, no son la forma en que alguien prueba su salvación. El argumento del objetor implica que no se puede demostrar la fe sin obras. Por el contrario, las obras son la prueba visible de la fe.

Esta perspectiva se alinea con las enseñanzas de ciertos círculos evangélicos, donde las buenas obras se consideran indicadores esenciales de la salvación y santificación continua de una persona. Según este punto de vista, si una persona no exhibe buenas obras, pone en duda la autenticidad de su fe y, por tanto, su salvación. Esta posición busca enfatizar el poder transformador de la fe para producir una vida marcada por la rectitud y la obediencia a los mandamientos de Dios.

Sin embargo, la objeción planteada en Santiago 2:18 también suscita una pregunta crítica: si las buenas obras son en verdad la evidencia necesaria de la fe salvadora, entonces ¿por qué enseñó Jesús que algunos de los que están en Él no pueden llevar fruto (Juan 15:2, 6)?)? Esta referencia a las enseñanzas de Jesús en el Evangelio de Juan resalta una tensión en la interpretación de la relación entre fe, obras y seguridad de la salvación.

Históricamente, algunos dentro de la tradición reformada, particularmente después de la época de Juan Calvino, han popularizado la idea de que la evidencia de la santificación debe estar presente antes de que un creyente pueda tener plena seguridad de su justificación. Esta perspectiva, sin embargo, difiere de las enseñanzas originales de Juan Calvino sobre la fe y la seguridad. Figuras como Theodore Beza en Ginebra y William Perkins en Inglaterra influyeron significativamente en este alejamiento de la doctrina de Calvino.

En resumen, si bien las buenas obras se reconocen como manifestaciones cruciales de una fe genuina, las implicaciones teológicas de su papel en la demostración de la salvación continúan siendo debatidas dentro de diferentes tradiciones cristianas. La objeción planteada en Santiago 2:18 desafía puntos de vista demasiado simplificados sobre la fe y las obras, instando a una reflexión más profunda sobre cómo estos conceptos interactúan dentro del marco de la creencia y la práctica cristianas.

La seguridad de la salvación para los cristianos está fundamentalmente arraigada en las promesas de Dios que se encuentran en las Escrituras (Juan 1:12; 3:16, 36; 5:24; 6:47; 10:27-29; 20:31, etc.). No se basa principalmente en la presencia o ausencia de buenas obras (frutos) en sus vidas. Jesús enseñó que algunas ramas conectadas a Él, que representan a los creyentes, pueden no dar fruto (Mateo 13:22; Marcos 4:7; Lucas 8:14; Juan 15:2, 6), sin embargo, permanecen conectadas a Él y comparten la vida que Él ofrece.

Todo creyente genuino experimenta una transformación interior significativa al confiar en Jesucristo como Salvador (Gálatas 2:20; Romanos 6:13; Efesios 5:8; Col. 1:13, etc.). Sin embargo, esta transformación no garantiza necesariamente cambios externos inmediatos o consistentes en el comportamiento. Las Escrituras no afirman que todo creyente inevitablemente mostrará signos externos de transformación; más bien, tales cambios dependen de su capacidad de respuesta a la voluntad de Dios y la obra del Espíritu Santo.

Como lo expresa una ilustración, un árbol demuestra su vida dando frutos, pero estaba vivo antes de producir frutos u hojas. De manera similar, si bien las obras son necesarias para demostrar fe a los demás (Santiago 2:18), no sirven como base para nuestra justificación judicial ante Dios (Rom. 8:33), que se merece únicamente a través de Cristo (Isa. 53: 11) y recibido por la fe (Rom. 5:1).

El concepto de "cristianos carnales" (1 Cor. 3:1-4) se refiere a creyentes que satisfacen sus deseos carnales en lugar de ceder al control del Espíritu Santo. Si bien el fruto es un indicador externo de la vida interior, los cristianos genuinos pueden dar poca o ninguna evidencia externa de su transformación espiritual, al igual que algunos árboles frutales dan frutos mínimos o nulos. El Espíritu Santo típicamente produce transformación interna y externa en los creyentes a menos que lo impida la resistencia del creyente (1 Tes. 5:19; Ef. 4:30).

Si bien se espera que las buenas obras acompañen a la fe genuina y sean evidencia de una vida transformada, no son la base para la salvación , sino más bien el resultado natural de una vida entregada a Cristo y empoderada por el Espíritu Santo. Por lo tanto, la seguridad de la salvación descansa firmemente en las promesas de Dios y la obra transformadora de Cristo, no en la evidencia fluctuante de las obras en la vida de un creyente.

2:19 Creéis que Dios es uno; lo haces bien. Incluso los demonios creen… ¡y se estremecen!

Santiago contrarresta el argumento presentado por el objetor en el versículo 18 usando el ejemplo de los demonios para ilustrar su punto. Destaca que la fe genuina no se traduce automáticamente en buenas obras. A diferencia de los humanos, los demonios poseen conocimiento y creencia en las verdades acerca de Dios: reconocen que Él es soberano y que Sus revelaciones son verdaderas, como la declaración en el Shemá: "Dios es uno" (Deuteronomio 6:4). A pesar de esta correcta comprensión, los demonios persisten en sus malas acciones y comportamientos, sabiendo muy bien las consecuencias que les aguardan. Su respuesta a este conocimiento es miedo y temblor, anticipando el juicio que les espera.

James elige deliberadamente a los demonios como ejemplo, no porque sean capaces de salvación (están irremediablemente perdidos) sino porque ilustran vívidamente la desconexión entre la creencia correcta y el comportamiento desobediente. Santiago se dirige a los cristianos genuinos (como lo indican términos como "hermanos y hermanas" en varios versículos) a lo largo de su epístola, incluidos aquellos que, como demonios, pueden conocer la verdad intelectualmente pero no logran alinear sus acciones con sus creencias.

Esta analogía sirve para resaltar el argumento de Santiago de que la fe, si es genuina, debería producir naturalmente obras correspondientes (Santiago 2:18). Advierte que los cristianos, como los demonios, pueden persistir en la desobediencia a pesar de su conocimiento de la voluntad de Dios y la certeza del juicio futuro (2 Cor. 5:10). Por lo tanto, Santiago anima a los creyentes a examinar su fe no sólo en términos de creencia intelectual sino también en cómo moldea sus acciones y obediencia a la Palabra de Dios.

Santiago utiliza la ilustración de los demonios no para abordar la cuestión de cómo uno es regenerado o salvo, sino para enfatizar un punto diferente sobre la relación entre creencia y comportamiento. A diferencia de los humanos, que pueden ser regenerados por la fe en Cristo, los demonios sirven como un claro ejemplo de seres que poseen conocimiento y creencia correctos sobre las verdades de Dios, como Su soberanía y unidad (reflejadas en el Shemá). Sin embargo, su comportamiento sigue estando en directa oposición a Su voluntad. Esta desconexión entre creencia y comportamiento es el quid del argumento de Santiago a lo largo de su epístola.

El punto de Santiago al usar demonios como ilustración no es argumentar en contra de la suficiencia del consentimiento intelectual al evangelio para la salvación. En cambio, ilustra que incluso una creencia correcta no necesariamente se traduce en acciones obedientes. Este tema se alinea con otros pasajes de Santiago donde critica prácticas religiosas vacías que carecen de una conducta justa correspondiente (Santiago 1:26-27; 4:17).

La referencia de Santiago a lo que creen los demonios no se equipara con el mensaje completo del evangelio requerido para la salvación. En cambio, se centra en las implicaciones morales y éticas de la creencia; específicamente, que la fe genuina debería resultar en una vida transformada que obedezca la voluntad de Dios. Esto se alinea con su preocupación más amplia por la manifestación práctica de la fe en las vidas de los creyentes.

Con respecto al punto textual del versículo 19, algunos eruditos sugieren que el objetor también continúa hablando en este versículo. Esto está respaldado por variaciones en los manuscritos griegos antiguos donde aparece la palabra "por" (ek) en lugar de "sin" (choris). Sin embargo, la mayoría de los eruditos sostienen que "sin" (choris) es la lectura correcta y que el propio Santiago continúa hablando en el versículo 19 para responder al argumento del objetor.

En resumen, Santiago usa el ejemplo de los demonios no para discutir la naturaleza de la salvación sino para enfatizar el vínculo crucial entre la fe genuina y el correspondiente comportamiento justo. Desafía a los creyentes a garantizar que su fe no sea simplemente un asentimiento intelectual sino que se demuestre a través de la obediencia y una vida recta.

2:20 ¿Quieres que se te muestre, insensato, que la fe sin obras es inútil?

Santiago reprende enérgicamente el argumento del objetor como "tonto", enfatizando que la fe sin acompañar buenas obras no es meramente inactiva o ociosa sino efectivamente inútil. El término griego que utiliza, " argos ", transmite la idea de estar ocioso, ineficaz o desempleado, similar a describir un órgano del cuerpo que no funciona (Mateo 20:3, 6).

Para ilustrar aún más su punto, Santiago compara a un cristiano que carece de trabajo con alguien que tiene un órgano que no funciona. Así como tal órgano está muerto y no sirve para nada en el cuerpo, así también la fe sin obras está muerta e inútil en la vida de un creyente. James destaca que este tipo de fe inactiva no sólo no cumple con el propósito previsto, sino que también contribuye al estancamiento espiritual y puede tener consecuencias perjudiciales, similares a cómo un órgano muerto puede afectar la salud física.

En los versículos 21 al 23, Santiago explica claramente lo que quiere decir con la "inutilidad" de la fe sin obras. A lo largo de su epístola, constantemente enfatiza que está abordando la ineficacia de la fe cuando no va acompañada de las acciones correspondientes, en lugar de cuestionar la existencia de la fe misma en ausencia de obras (Santiago 1:26; 2:14, 16, 20). .

James se enfoca en desafiar a los creyentes a vivir su fe de manera activa y práctica, demostrando el poder transformador de la fe verdadera a través de obras justas y la obediencia a la Palabra de Dios. Sus enseñanzas enfatizan que la fe genuina produce naturalmente buenas obras, que reflejan una vida cambiada por la gracia de Dios y comprometida activamente con Sus propósitos.

2:21 ¿No fue justificado por las obras Abraham nuestro padre, cuando ofreció a su hijo Isaac sobre el altar?

La aparente contradicción entre la afirmación de Santiago acerca de que Abraham fue justificado por las obras (Santiago 2:21) y la enseñanza de Pablo de que Abraham fue justificado por la fe (Génesis 15:6; Romanos 4:1-5) gira en torno a la comprensión del término "justificado". Bíblicamente, ser justificado significa ser declarado justo ante los ojos de la ley, no ser justificado en la propia conducta (Éxodo 23:7; Deuteronomio 25:1; 1 Reyes 8:32).

La justificación de Abraham en Génesis 15:6, cuando Dios lo declaró justo debido a su fe en la promesa de Dios, marca su declaración inicial de justicia ante Dios. Este evento a menudo se entiende como el "nuevo nacimiento" o regeneración espiritual de Abraham, un concepto que tiene su paralelo en el Nuevo Testamento (Génesis 15:6).

James, escribiendo en Santiago 2:21, analiza un aspecto diferente de la vida de Abraham, haciendo referencia específica a Génesis 22, donde la fe de Abraham se demostró a través de su disposición a ofrecer a Isaac, su hijo, como sacrificio. Santiago sostiene que la fe de Abraham fue validada y completada a través de su obediencia y obras, lo que muestra que la fe genuina produce naturalmente acciones que se alinean con la voluntad de Dios.

Es crucial señalar que Santiago y Pablo no se contradicen sino que abordan diferentes dimensiones de la justificación. Santiago enfatiza que la verdadera fe se evidencia en las acciones. Al mismo tiempo, Pablo se centra en la verdad fundamental de que inicialmente somos justificados (declarados justos) sólo por la fe, sin obras (Romanos 3:28; Efesios 2:8-9).

Una vez justificados por la fe, los creyentes mantienen su posición justa ante Dios eternamente (Romanos 5:1; 8:1). No pierden su estatus justificado ni necesitan ser "salvados" nuevamente. La tensión surge no de una contradicción teológica sino de diferentes énfasis en la naturaleza multifacética de la justificación y su efecto en la vida del creyente.

Santiago se refiere a un segundo caso en el que la justicia de Abraham fue declarada a través de sus obras, citando específicamente Génesis 22 cuando Abraham ofreció a Isaac en el altar. Esta obediencia demostró la autenticidad y madurez de la fe de Abraham, reforzando su posición justa ante Dios.

El concepto de "justificación" en el contexto de James implica la demostración pública o validación de la fe a través de acciones. Mientras que Pablo enfatiza la justificación cuando Dios declara justa a una persona basándose únicamente en la fe (Romanos 3:28; 4:3), Santiago se centra en la evidencia externa de esa justicia interna. Para Santiago, la fe genuina produce naturalmente obras que dan testimonio de su autenticidad (Santiago 2:18).

Abraham es un excelente ejemplo de este principio. Su justificación inicial en Génesis 15:6 ocurrió cuando creyó en la promesa de Dios de tener descendencia a pesar de su vejez y la esterilidad de Sara. Esta fe le fue contada por justicia (Génesis 15:6; Romanos 4:3). Más tarde, en Génesis 22, la fe de Abraham fue probada cuando obedientemente se preparó para sacrificar a Isaac como Dios le había ordenado. Esta obediencia demostró la madurez y continuidad de la fe de Abraham, mostrando que su fe no era ociosa sino activa y viva.

El énfasis de Santiago en las obras como evidencia de fe complementa la enseñanza de Pablo sobre la justificación sólo por la fe. Tanto Santiago como Pablo afirman que la fe genuina produce una vida transformada caracterizada por la obediencia y las buenas obras (Efesios 2:10). Sin embargo, abordan el tema desde diferentes ángulos: Pablo aborda la naturaleza fundamental de la fe en la justificación, y Santiago destaca el resultado práctico de la fe en la vida diaria.

Santiago menciona la segunda justificación de Abraham, subrayando la naturaleza continua y activa de la verdadera fe. Se manifiesta en obediencia y obras que dan testimonio de la posición justa de uno ante Dios. Esta comprensión ayuda a reconciliar la enseñanza de Santiago con el énfasis teológico de Pablo en la justificación por la fe aparte de las obras de la ley.

2:22 Veis que la fe obraba junto con sus obras, y la fe se consumaba por sus obras;

Santiago destaca que la fe de Abraham fue "perfeccionada" o completada por sus obras, lo que significa que sus acciones fortalecieron y demostraron la autenticidad de su fe. Esto se alinea con la enseñanza anterior de Santiago en 1:2-4, donde enfatiza que las pruebas y los desafíos en la vida pueden conducir a la maduración y el perfeccionamiento de la fe.

La fe de Abraham fue probada profundamente cuando Dios le ordenó ofrecer a Isaac como sacrificio (Génesis 22). A pesar de la aparente contradicción (Dios prometió descendencia a través de Isaac), Abraham obedeció con fe, creyendo que Dios podía incluso resucitar a Isaac de entre los muertos (Hebreos 11:19). Cuando Dios proporcionó un carnero como sacrificio sustituto, afirmó la confianza y la obediencia de Abraham, solidificando y fortaleciendo su fe.

Santiago usa a Abraham como ejemplo para ilustrar cómo la fe no es simplemente un asentimiento o creencia intelectual, sino una confianza activa en Dios que resulta en acciones obedientes. La palabra griega traducida como "perfeccionado" (teleioō) sugiere crecimiento, madurez y plenitud. A través de la obediencia, la fe de Abraham se fortaleció, demostrando que la fe genuina es dinámica y transformadora, e influye en la vida de cada uno.

Este concepto resuena con la enseñanza bíblica más amplia de que la fe y las obras son inseparables en la vida de un creyente. La fe inicia la salvación y la santificación continua, mientras que las obras, nacidas de la fe genuina, dan testimonio de la realidad de esa fe (Efesios 2:8-10).

Por lo tanto, el uso que hace Santiago del ejemplo de Abraham resalta la sinergia entre la fe y las obras: la fe genuina produce obras, y estas obras fortalecen y perfeccionan la fe, haciéndola completa y madura. Esta comprensión enriquece nuestra perspectiva sobre cómo opera la fe en la vida de un creyente, reforzando la importancia tanto de la fe como de la obediencia en el caminar cristiano.

2:23 **, y se cumplió la Escritura que dice: "Abraham creyó a Dios, y le fue contado por justicia", y fue llamado amigo de Dios.**

Santiago destaca el significado de Génesis 15:6 en la vida de Abraham, enfatizando que se cumplió o se hizo evidente cuando Abraham ofreció obedientemente a Isaac. Génesis 15:6 registra la declaración de Dios de que la fe de Abraham le fue contada como justicia, lo que marca un momento crucial en la relación de Abraham con Dios. Esta declaración anticipó y presagió la voluntad de Abraham de ofrecer a Isaac como sacrificio en Génesis 22, un evento que demostró vívidamente la confianza y obediencia inquebrantable de Abraham a Dios.

El sacrificio de Isaac puso de relieve claramente lo que Dios había dicho años antes acerca de la fe de Abraham. Las acciones de Abraham durante esta prueba revelaron la profundidad y autenticidad de su fe. Creía en la promesa de Dios de tener descendencia a través de Isaac. Sin embargo, estuvo dispuesto a obedecer incluso cuando se le pidió que sacrificara a su amado hijo. Este acto de obediencia validó y cumplió la declaración anterior de su justicia por la fe (Génesis 15:6).

Santiago destaca el significado de que Dios llamara a Abraham su "amigo" (2 Crónicas 20:7; Isaías 41:8), un título que denota una relación cercana e íntima marcada por la confianza y la lealtad. Esta amistad con Dios, según Santiago, no se basa simplemente en la fe salvadora inicial sino en la fe obediente continua. La constante confianza y obediencia de Abraham a lo largo de su vida ejemplificó lo que significa ser amigo de Dios: alguien que cree y demuestra esa fe a través de acciones (Santiago 2:21-23).

Santiago contrasta la transacción invisible de la justificación sólo por la fe, que ocurre entre un individuo y Dios, con la manifestación externa de la justificación por las obras, que es visible para los demás y solidifica la relación de uno con Dios como Su amigo íntimo. Esta distinción se alinea con la enseñanza de Jesús de que la obediencia a los mandamientos de Dios es el sello distintivo de la amistad con Él (Juan 15:14). Por lo tanto, Santiago usa el ejemplo de Abraham para ilustrar cómo la fe genuina se demuestra a través de la obediencia fiel, lo que en última instancia conduce a una relación más profunda e íntima con Dios.

Santiago incluye a Abraham en su argumento para ilustrar una distinción crucial entre la justificación solo por la fe y la validación continua de esa fe a través de las obras. La vida de Abraham sirve como un ejemplo significativo de alguien que fue declarado justo por Dios basándose en su fe (Génesis 15:6). Sin embargo, fue a través de acciones posteriores—particularmente su obediencia en el sacrificio de Isaac (Génesis 22)—que la realidad de su fe quedó demostrada exteriormente.

Santiago usa a Abraham para mostrar que la justificación por la fe es una declaración inicial de justicia ante Dios. Esta declaración se basa en la confianza en las promesas y la gracia de Dios, independientemente de cualquier mérito propio (Romanos 4:1-5). Sin embargo, James enfatiza que la fe genuina no es estática sino dinámica y transformadora. Como la de Abraham, la verdadera fe continúa confiando y obedeciendo a Dios, lo que resulta en una vida caracterizada por buenas obras (Santiago 2:22-23).

Para los lectores cristianos de Santiago, el ejemplo de Abraham alienta y desafía. Les anima a saber que su justificación inicial por la fe en Dios es segura y completa a través de la gracia de Dios. Sin embargo, los desafía a vivir su fe diariamente a través de acciones obedientes que reflejen su confianza en la palabra de Dios y su voluntad. Al hacerlo, como Abraham, pueden demostrar la realidad de su fe a través de sus obras, validando así su justificación ante los demás y profundizando su relación con Dios como Sus amigos (Santiago 2:24-26).

En resumen, Santiago usa a Abraham para enseñar que si bien la justificación sólo por la fe es esencial para la salvación, la demostración continua de esa fe a través de las obras es crucial para la madurez espiritual y una relación vibrante con Dios. Esta comprensión se alinea con la enseñanza bíblica más amplia de que la fe genuina produce naturalmente buenas obras como evidencia de su autenticidad (Efesios 2:8-10; Tito 3:8).

2:24 Veis que el hombre es justificado por las obras y no sólo por la fe.

Al utilizar el plural "tú" en este versículo, Santiago pasa de dirigirse al objetor hipotético a dirigirse directamente a sus lectores. Esta transición significa que James ha completado su refutación al argumento del objetor y ahora está reforzando su enseñanza con su audiencia.

El término "obras" en el contexto de Santiago sirve para declarar o demostrar justicia. El verbo griego "está justificado" (dikaioo) en la forma presente pasiva de indicativo enfatiza un proceso o estado en curso donde las obras sirven como evidencia de la realidad interna de la fe. En otras palabras, las obras son la manifestación externa que testifica a los demás que una persona ha ejercido genuinamente la fe salvadora. Esto se alinea con la afirmación anterior de Santiago de que la fe sin obras está muerta y no puede demostrar efectivamente la presencia de una fe genuina (Santiago 2:17).

Santiago reconoce, sin embargo, que no todos los creyentes darán frutos visibles en sus vidas de manera consistente (Santiago 2:17). Algunos que parecen exhibir el fruto de la fe salvadora pueden, con el tiempo, revelarse como carentes de fe verdadera. Esto hace eco de la parábola de Jesús sobre el trigo y la cizaña (Mateo 13:24-30), donde algunos que aparecen como trigo (creyentes) son en realidad cizaña (incrédulos).

Al interpretar la enseñanza de Santiago sobre la justificación, es importante distinguir su contexto del de Pablo. Pablo aborda el peligro de depender de las obras para la justificación inicial ante Dios, enfatizando que la salvación es por gracia únicamente mediante la fe (Efesios 2:8-9). En contraste, Santiago se preocupa por los creyentes que se excusan de demostrar su fe mediante buenas obras, mostrando así una fe inactiva e ineficaz en su testimonio (Santiago 2:14).

En cuanto a la naturaleza de la justificación en Santiago, algunos argumentan que pertenece a la reivindicación ante otros más que a un contexto salvífico. Esta interpretación sugiere que a Santiago le preocupa principalmente cómo los creyentes demuestran su fe a través de obras en un sentido visible y práctico, más que el concepto teológico de justificación en términos de salvación inicial.

Santiago usa el plural "tú" para enfatizar que las obras son evidencia externa de fe interna, que demuestra justicia ante los demás. Esta perspectiva ayuda a aclarar la enseñanza de Santiago sobre la relación entre fe y obras, destacando la importancia de una fe activa y fructífera en su testimonio a los demás.

2:25 Y de la misma manera, ¿no fue también Rahab la prostituta justificada por las obras cuando recibió a los mensajeros y los envió por otro camino?

La inclusión de Rahab junto a Abraham en su argumento por parte de Santiago ilustra y refuerza su tema sobre la relación entre fe y obras. Rahab, una mujer de Jericó y ex prostituta, es un ejemplo sorprendente de alguien cuya vida y acciones demostraron una fe genuina en Dios.

La fe de Rahab se destaca en el relato bíblico incluso antes de que los espías israelitas llegaran a su casa (Josué 2:9-13). Ella reconoció al Dios de Israel como el Dios verdadero. Ella confió en Su promesa de liberación, lo que la llevó a esconder a los espías y protegerlos de la captura. A través de sus acciones, Rahab demostró su fe en el plan de Dios para los israelitas y su voluntad de alinearse con Su pueblo, arriesgando su vida.

Santiago contrasta a Rahab con Abraham, enfatizando sus diferentes orígenes y circunstancias. Abraham, patriarca y padre de los fieles, demostró su fe a través de la obediencia, especialmente en su disposición a ofrecer a Isaac en sacrificio en respuesta al mandato de Dios (Génesis 22,1-19). Por otro lado, Rahab mostró su fe a través de su hospitalidad y protección hacia los espías, lo que finalmente aseguró su salvación cuando Jericó fue conquistada.

La inclusión de Rahab junto a Abraham resalta el punto más amplio de Santiago de que la fe genuina se evidencia en las obras. Tanto Abraham como Rahab, a pesar de sus antecedentes y roles muy diferentes en la historia bíblica, ejemplifican el principio de que la fe sin obras está muerta (Santiago 2:26). Sus historias enfatizan que la verdadera fe es activa y transformadora, impulsando a los creyentes a la obediencia y a acciones que reflejan su confianza en las promesas de Dios.

La inclusión de Rahab en el argumento de Santiago ilustra la universalidad del principio que sirve para validar la fe. Su ejemplo, junto con el de Abraham, demuestra que, independientemente de los antecedentes u orígenes de cada uno, la fe genuina en Dios se manifiesta en acciones obedientes y una vida que refleja confianza en Su soberanía y sus promesas.

2:26 Porque como el cuerpo sin el espíritu está muerto, así también la fe sin las obras está muerta.

James concluye su discusión sobre la fe y trabaja con una poderosa analogía: comparando la fe sin obras con un cuerpo sin espíritu. Así como un cuerpo físico sin espíritu es sin vida e inútil, así también lo es la fe sin obras. Esta analogía enfatiza que la fe, para ser eficaz y viva, debe ir acompañada de acciones que demuestren su vitalidad y sinceridad.

La enseñanza de Santiago aquí no contradice las doctrinas de la gracia presentadas por Pablo o el énfasis de Juan en la fe como única condición para recibir la vida eterna. Más bien, Santiago complementa estas enseñanzas abordando el resultado práctico de la fe en la vida del creyente. Advierte contra la noción de que una "fe muerta" no puede existir en la vida de un cristiano, enfatizando que la fe sin las acciones correspondientes es inactiva y, por lo tanto, ineficaz para lograr los propósitos de Dios.

Es crucial entender que Santiago no sugiere que una "fe muerta" conduzca a la condenación eterna (el infierno). En cambio, destaca los peligros que la falta de trabajo puede traer a la experiencia cristiana, incluidas las posibles consecuencias del pecado en esta vida. James aboga por una fe vibrante y activa que profesa creencia y la demuestra a través de la obediencia y las buenas obras.

Santiago se dirige a creyentes ricos y pobres a lo largo de su epístola , desafiándolos a examinar la autenticidad de su fe evaluando sus acciones. No cuestiona su estado de salvación ni ofrece un nuevo plan de salvación. Más bien, los alienta a vivir su fe de maneras tangibles que reflejen la justicia y el amor de Dios.

El énfasis de Santiago en la fe y las obras sirve como una advertencia y un estímulo necesarios para que los creyentes vivan su fe activamente, sabiendo que la fe genuina produce una vida transformada por la obediencia y el amor a Dios y a los demás.

El pasaje de Santiago sobre la fe y las obras depende de la comprensión precisa de lo que quiere decir con "fe muerta". Utiliza el término "muerto" como sinónimo de "inútil", indicando que la fe sin acciones que la acompañen no contribuye activamente a la vida del creyente ni a los propósitos del reino de Dios. Es importante destacar que Santiago no sugiere que alguien con una fe muerta carezca de fe por completo o no sea salvo. En cambio, destaca que esa persona posee una fe salvadora pero no la vive prácticamente a diario.

El concepto de "justificar" en el contexto de Santiago significa declarar justo, no hacer justo. Esto se alinea con la comprensión teológica de que la justificación ocurre en el momento de la salvación cuando Dios declara justo a un creyente basándose en la fe en Cristo, no por sus propias obras. De manera similar, el término "salvar" (del gr. sozo) abarca la totalidad del viaje del creyente, incluida la justificación, la santificación (el proceso de llegar a ser más como Cristo) y la glorificación (ser perfeccionado en Cristo en la eternidad).

La preocupación de Santiago es principalmente la santificación progresiva: el proceso continuo de llegar a ser más santo y semejante a Cristo en la vida diaria. Destaca la necesidad de las buenas obras no para ganar la salvación sino para demostrar la realidad de la fe. En opinión de James, las buenas obras son resultados naturales y evidencia de una fe genuina. Por lo tanto, aunque Santiago no enseña que las buenas obras sean necesarias para la salvación inicial (justificación), enfatiza fuertemente su importancia en el camino cristiano continuo (santificación).

En términos prácticos, Santiago advierte que descuidar vivir por fe (confiar y obedecer a Dios en la vida diaria) hace que la fe sea inactiva o "inútil". Esto puede llevar a perder la plenitud de las bendiciones de Dios e incluso a enfrentar las medidas disciplinarias de Dios, que pueden incluir consecuencias en esta vida. Por lo tanto, Santiago anima a los creyentes a ejercer continuamente su fe alineando sus acciones con sus creencias, demostrando así el poder transformador de la gracia de Dios en sus vidas.

En resumen, la enseñanza de Santiago en los versículos 14-26 es un llamado a la fe activa que impacta la forma en que los creyentes viven diariamente. Es un recordatorio para evitar la complacencia y garantizar que la fe no sea meramente teórica sino que influya activamente en las elecciones y acciones de cada uno. Esta perspectiva enriquece nuestra comprensión de la vida cristiana. Enfatiza la naturaleza holística de la fe que abarca tanto la creencia como la práctica.

La declaración de Jesús en Mateo 7:16, 20, "Por sus frutos los conoceréis", sirve como una guía general para evaluar a las personas en lugar de una fórmula estricta donde las obras siempre indican el estado de salvación de alguien. Esta perspectiva es crucial porque si las obras fueran un indicador infalible de la salvación, cada vez que un cristiano pecara, implicaría que no era salvo. Sin embargo, las Escrituras enseñan que la salvación se basa en la fe en el sacrificio de Cristo y la declaración de justicia de Dios, no únicamente en las buenas obras (Efesios 2:8-9; Romanos 3:21-22).

La parábola del trigo y la cizaña (Mateo 13:24-41) ilustra que dentro de la comunidad cristiana hay tanto creyentes genuinos como aquellos que pueden parecer aparentemente similares pero carecen de una fe genuina. Algunos cristianos pueden luchar con la carnalidad durante períodos prolongados o mostrar inconsistencias en su caminar con Dios. Sin embargo, su salvación permanece segura debido a su fe inicial en Cristo y la gracia de Dios.

El mensaje de Santiago se alinea con el llamado a vivir la fe de manera consistente y práctica. Él enfatiza que la fe se evidencia por la creencia inicial y la confianza y obediencia diaria y continua a Dios. Esto implica demostrar activamente fe a través de buenas obras, que reflejan la vida transformada que resulta de una relación genuina con Cristo (Santiago 2:18).

Si bien se esperan buenas obras de los creyentes como una consecuencia natural de la fe (Colosenses 2:6; Tito 3:8; 2 Pedro 1:5-7), no son automáticas ni inevitables. Requieren un esfuerzo intencional y el poder del Espíritu Santo para cultivar virtudes como la excelencia moral, el autocontrol, la perseverancia, la piedad, la bondad fraternal y el amor. Estas cualidades se desarrollan a través de la fe y la obediencia continuas a la Palabra de Dios.

James anima a los creyentes a vivir su fe auténticamente, no sólo confiando en una profesión de fe pasada, sino creciendo continuamente en su relación con Dios y reflejando su carácter a través de sus acciones. Esta perspectiva enriquece nuestra comprensión del discipulado cristiano, enfatizando la gracia que salva y la transformación continua que caracteriza a un verdadero seguidor de Cristo.

Resumen del Capítulo 2

El capítulo 2 del Libro de Santiago aborda el tema de la fe y las obras, destacando la conexión entre la fe genuina en Cristo y la manifestación de esa fe a través de buenas obras. Aquí hay un resumen detallado del capítulo 2 de Santiago:

Versículos 1-13: Advertencia contra el favoritismo

Santiago comienza condenando el pecado de mostrar parcialidad o favoritismo basado en apariencias externas, como la riqueza o el estatus. Ilustra esto con un ejemplo de cómo un hombre rico recibe un trato especial sobre un hombre pobre en una reunión. Santiago recuerda a los creyentes que tales actitudes contradicen la fe en nuestro glorioso Señor Jesucristo, quien no mostró parcialidad y nos mandó amar a nuestro prójimo como a nosotros mismos. Advierte que quienes muestran favoritismo cometen pecado y son condenados como transgresores de la ley. Un juicio sin piedad espera a aquellos que no han mostrado misericordia, enfatizando la importancia de vivir la ley real del amor.

Versículos 14-26: Fe y obras

Luego, Santiago profundiza en la relación entre fe y obras, tema central de este capítulo. Plantea una pregunta retórica: "¿De qué le sirve, hermanos míos, si alguien dice tener fe pero no tiene obras?" (v. 14, NVI). James sostiene que la fe genuina, si existe, producirá naturalmente las acciones correspondientes. Da un ejemplo: si alguien dice tener fe pero no muestra amor y cuidado práctico a un hermano o hermana necesitado, su fe es inútil. La verdadera fe se demuestra por las obras.

James luego presenta dos ejemplos históricos para ilustrar su punto:

Abraham : Fue justificado por su fe cuando obedeció a Dios y ofreció a Isaac sobre el altar (Génesis 22). Este acto demostró la autenticidad de su fe. Se cumplió la Escritura que dice: "Abraham creyó a Dios, y le fue contado por justicia" (v. 23).

Rahab : La prostituta de Jericó que, por la fe, recibió a los espías y los ayudó a escapar (Josué 2). Sus acciones mostraron su fe y la llevaron a ser salvada a ella y a su familia.

Santiago concluye que la fe sin obras está muerta, enfatizando que la verdadera fe es activa y productiva. Contrasta esto con una objeción hipotética: "Vosotros tenéis fe; yo tengo obras" (v. 18). Él responde afirmando que la fe y las obras no pueden separarse; la verdadera fe conduce naturalmente a las obras, y las obras afirman la autenticidad de la fe.

Temas y lecciones clave

Favoritismo y amor : Santiago destaca la importancia de la imparcialidad y el amor en la conducta cristiana. Mostrar favoritismo contradice el mandamiento de amar al prójimo y revela una falta de fe genuina.

Fe y obras : Santiago aclara que si bien la salvación es solo por fe, la verdadera fe nunca está sola: va acompañada de obras que demuestran su realidad. Las obras no son el medio de la salvación sino la evidencia de ella.

Ejemplos de fe : Abraham y Rahab ejemplifican cómo la fe genuina conduce a acciones obedientes. Sus vidas resaltan que la fe es más que un consentimiento intelectual; implica confianza en Dios que resulta en respuestas obedientes a Sus mandamientos.

La naturaleza de la fe : Santiago desafía a los creyentes a examinar su fe. La verdadera fe transforma vidas y se manifiesta en rectitud y compasión hacia los demás.

El capítulo 2 de Santiago proporciona una base teológica sólida para la relación entre fe y obras, enfatizando la inseparabilidad de la fe genuina de su expresión exterior a través de obras justas y el amor por los demás. Llama a los creyentes a vivir su fe de manera auténtica, asegurándose de que reflejen el poder transformador del evangelio en todos los aspectos.

Capítulo 2 Oración

Padre celestial,

Venimos ante Ti humildemente, reconociendo Tu soberanía y bondad. Gracias por la sabiduría que impartes a través de Tu Palabra, especialmente a través del capítulo 2 de Santiago. Ayúdanos, Señor, a aplicar estas enseñanzas en nuestra vida diaria.

Perdónanos, Padre, por las veces que hemos mostrado favoritismo o parcialidad basados en las apariencias externas. Ayúdanos a ver a los demás como Tú los ves, con amor y compasión, sin importar su estatus o procedencia. Que siempre recordemos que Tu reino valora la humildad y el amor por encima de todo.

Señor, fortalece nuestra fe. Enséñanos que la verdadera fe no es simplemente una profesión de fe, sino una confianza viva y activa en Ti que resulta en obediencia y buenas obras. Que nuestra fe sea evidente en nuestras acciones mientras buscamos servir y amar a los demás con sacrificio, tal como lo hizo Jesús.

Concédenos sabiduría, Espíritu Santo, para discernir oportunidades de mostrar bondad, misericordia y compasión a los necesitados. Ayúdanos a ser hacedores de la Palabra y no sólo oyentes para que nuestra fe sea viva y eficaz en la transformación de vidas y comunidades.

Señor, levantamos a quienes luchan con dudas o enfrentan pruebas de fe. Fortalece sus corazones, oh Dios, y recuérdales tu fidelidad y tus promesas. Ayúdalos a perseverar, sabiendo que heredarán Tus promesas mediante la fe y la paciencia.

Padre, que nuestras vidas sean un reflejo de Tu gracia y misericordia. Que nuestras palabras y obras te glorifiquen y acerquen a otros a tu reino. Úsanos como instrumentos de Tu paz y agentes de Tu amor en un mundo que necesita desesperadamente Tu luz.

Oramos todas estas cosas en el nombre de Jesucristo, nuestro Señor y Salvador.

Amén.

Capítulo 2 Preguntas

¿Contra qué advierte James en el capítulo 2?

Según Santiago, ¿cómo deberían tratar los cristianos a los ricos y a los pobres?

¿Qué analogía usa Santiago para ilustrar el punto sobre la fe y las obras?

¿Cómo describe Santiago la fe sin obras?

¿Qué figura del Antiguo Testamento usa Santiago para ilustrar la fe demostrada a través de las obras?

¿A quién más usa Santiago como ejemplo de fe mostrada a través de obras?

¿Qué argumenta Santiago sobre la fe y las obras?

¿Cómo responde Santiago a alguien que dice tener fe pero no tiene obras?

Según Santiago, ¿cómo se conectan la fe y las obras?

¿Qué dice Santiago sobre la importancia de obedecer toda la ley?

¿Qué enseña Santiago sobre la misericordia y el juicio?

¿Cómo desafía Santiago a sus lectores con respecto a su fe?

¿Qué ejemplo usa Santiago para enfatizar el punto sobre la fe y las obras?

Según Santiago, ¿qué clase de fe tienen los demonios?

¿Cómo describe Santiago la ley de la libertad?

¿Qué dice Santiago sobre la fe que carece de obras?

¿Qué quiere decir Santiago con ser justificado por las obras?

Según Santiago, ¿cómo deben tratar los creyentes a quienes entran en su asamblea?

¿Cuál es el mensaje principal que Santiago quiere que sus lectores comprendan sobre la fe y las obras?

¿Cómo concluye Santiago su análisis sobre la fe y las obras?

Santiago Capítulo 3:1-18

Domar la lengua

James enfatiza el papel crítico de nuestras palabras en nuestras obras, destacando cómo nuestro discurso puede revelar parcialidad. Proporciona orientación para ayudar a los creyentes a alinear sus palabras con la voluntad de Dios. En cuanto a la fe y la obediencia, advierte contra la idea errónea de que la fe sola, sin las acciones correspondientes, es suficiente. Históricamente, cuando esta creencia se afianza, fomenta un aumento de maestros y predicadores autoproclamados dentro de la Iglesia, que buscan propagar sus interpretaciones aparte de la total obediencia a la palabra de Dios (Santiago 2:2-3).

Santiago se centra en el mal uso de la lengua en el culto, la enseñanza y la vida de la iglesia cristiana, haciéndose eco de las preocupaciones que se encuentran en otros pasajes bíblicos (cf. 1 Corintios 12:3; 14:27-39). Pasando del tema de la fe ociosa, James pasa a discutir los peligros del discurso vano.

Santiago emplea un estilo retórico que regresa al tema del discurso, abordado previamente en 1:19 y 1:26, enfatizando la importancia crítica de controlar la lengua (Santiago 3:2). Este capítulo también aborda la tendencia a priorizar la teoría sobre la práctica, un tema relacionado con sus enseñanzas anteriores (Santiago 2:14-26).

James dirige su mensaje particularmente a los líderes dentro de la iglesia, instándolos a aprovechar el poder de sus palabras para dirigir y guiar el curso de la vida y la misión de la iglesia. Utiliza imágenes vívidas, comparando la lengua con el bocado de un caballo que controla su dirección (Santiago 3:3) y el timón de un barco que determina su camino (Santiago 3:4). Estas analogías resaltan la influencia significativa del discurso en la configuración de la comunidad y la misión de la iglesia.

3:1 No muchos de vosotros debéis llegar a ser maestros, hermanos míos, porque sabéis que los que enseñamos seremos juzgados con mayor dureza.

En su estilo característico, Santiago introduce un tema nuevo con una directriz, como se vio en capítulos anteriores (cf. Santiago 1:2; 2:1). Si bien todo cristiano está llamado a compartir e impartir la Palabra de Dios (Mateo 28:19; Hebreos 5:12), Santiago se dirige específicamente a aquellos que aspiran a ser maestros formales dentro de la iglesia. Este papel tuvo un honor e influencia significativos durante su época, similar a los venerados rabinos de la tradición judía (Mateo 23:8).

James advierte contra aspirar a enseñar sin las calificaciones adecuadas o motivos dignos, similar a algunos de su audiencia que buscaban prestigio u otras metas indignas a través de roles docentes. Implica que aquellos que enseñan enfrentarán un juicio más estricto, tanto de sus oyentes como, en última instancia, de Dios, ya que profesan conocer y vivir según la verdad (Santiago 3:1).

Reconociendo la necesidad de profesores y advirtiendo contra la incompetencia, James no denuncia la enseñanza en sí. Aún así, insta a la moderación y la calificación antes de asumir ese papel. Destaca el peligro del orgullo espiritual e intelectual que acompaña al oficio de profesor, advirtiendo contra la presunción o el "Señor Oráculo" al impartir instrucción espiritual (Santiago 3:1-2).

3:2 Porque todos tropezamos en muchos aspectos. Y si alguno no tropieza en lo que dice, éste es un hombre perfecto, capaz también de refrenar todo su cuerpo.

Santiago destaca el desafío de controlar la lengua, destacando su propensión a causar errores significativos o "tropiezos" en el habla (Santiago 3:2). Compara la lengua con un miembro pequeño pero poderoso del cuerpo que es notoriamente difícil de domar (Santiago 3:5-12). A pesar de nuestros mejores esfuerzos, sólo Jesucristo ha dominado perfectamente el control del habla.

La madurez espiritual, sostiene Santiago, depende de ganar dominio sobre la lengua, un tema que se repite en otras enseñanzas bíblicas como en Tito 1:11. La lengua, aunque pequeña, tiene un gran potencial tanto para el bien como para el mal. Santiago sugiere que, independientemente de otros pecados, todos luchan por controlar su habla (Santiago 3:8).

James enfatiza la importancia de ejercer disciplina sobre nuestras palabras, reconociendo que el autocontrol juega un papel fundamental en nuestro crecimiento y madurez espiritual.

3:3 Si ponemos freno en la boca de los caballos para que nos obedezcan, también guiamos todo su cuerpo.

Santiago traza un paralelo entre la lengua y la brida de un caballo, ilustrando que así como un pequeño bocado en la boca de un caballo dirige todo su cuerpo, así también el control de la lengua puede gobernar todo el ser (Santiago 3:3-5). Destaca el impacto significativo del habla en nuestras vidas, destacando cómo dominar la lengua nos permite ejercer control sobre nuestras acciones y comportamientos.

Las imágenes de Santiago resaltan un punto de tropiezo común para los creyentes: la lengua rebelde. Si no se controla, este órgano pequeño pero potente puede conducir a obstáculos y desafíos importantes en nuestro viaje espiritual (Santiago 3:6).

Santiago anima a los creyentes a reconocer el poder de sus palabras y la importancia de la moderación en su discurso. Al hacerlo, demuestran madurez y autodisciplina y gobiernan eficazmente sus vidas de una manera que honra a Dios y promueve la unidad dentro de la comunidad de fe.

3:4 Mirad también las naves: aunque son tan grandes y llevadas por fuertes vientos, con un timón muy pequeño se guían dondequiera que la voluntad del piloto las dirija.

Santiago ilustra además el poder de la lengua comparándola con el pequeño timón de un barco, que, a pesar de su tamaño, dirige toda la embarcación incluso ante fuertes vientos (Santiago 3:4). Probablemente habiendo observado numerosos barcos en el Mar de Galilea y posiblemente en el Mar Mediterráneo, James usa estas vívidas imágenes para enfatizar cómo algo aparentemente insignificante (un timón) puede ejercer una influencia significativa sobre el rumbo de un barco.

De la misma manera, James sugiere que nuestras lenguas, aunque pequeñas en tamaño físico, ejercen una influencia considerable sobre nuestras vidas e interacciones. Cuando nuestro habla se controla y dirige sabiamente, puede guiarnos a través de circunstancias desafiantes y ayudarnos a superar obstáculos que de otro modo podrían conducirnos a discordia o daño (Santiago 3:5-6).

Esta analogía resalta el mensaje más amplio de Santiago acerca de dominar nuestro habla para lograr integridad personal, armonía relacional y madurez espiritual. Al ejercer moderación y sabiduría en nuestras palabras, podemos efectivamente dirigir nuestras vidas en alineación con la voluntad y el propósito de Dios.

3:5 Así también la lengua es un miembro pequeño, pero se jacta de grandes cosas. ¡Cuán grande es el bosque que arde con un fuego tan pequeño!

Santiago continúa destacando el impacto desproporcionado de la lengua a pesar de su pequeño tamaño, basándose en dos ilustraciones anteriores (el freno en la boca de un caballo y el timón de un barco) para enfatizar su poder para dirigir e influir (Santiago 3:3-4). . En lugar de interpretar el versículo 5a como una declaración acerca de hacer afirmaciones pretenciosas, Santiago enfatiza el poder práctico del habla para moldear los resultados y las relaciones.

Compara la lengua con una chispa que puede encender un gran incendio forestal (Santiago 3:5-6). Esta analogía retrata vívidamente el potencial destructivo del habla incontrolada. Así como una pequeña chispa puede incendiar una vasta extensión de bosque, la lengua, aunque físicamente pequeña, tiene un inmenso poder para causar daño si no se maneja con cuidado.

Las imágenes de James resaltan la importancia de ejercer cautela y sabiduría en nuestro discurso. A pesar de su tamaño, la lengua puede ejercer una influencia significativa, ya sea con fines constructivos o destructivos. Al reconocer su impacto potencial, se anima a los creyentes a aprovechar sus palabras para la edificación, la paz y la gloria de Dios en lugar de permitir que alimenten conflictos o daños dentro de sus comunidades (Santiago 3:7-8).

3:6 Y la lengua es fuego, mundo de injusticia. La lengua está puesta entre nuestros miembros, manchando todo el cuerpo, prende fuego a todo el curso de la vida y es incendiada por el infierno.

Santiago describe vívidamente la lengua como una fuerza potente similar al fuego, capaz de desatar un "mundo de injusticia" (Santiago 3:6). Esta metáfora resalta el poder y la naturaleza perversa del discurso desenfrenado. La lengua, sostiene Santiago, se convierte en un conducto a través del cual todo tipo de características malignas inherentes a la humanidad caída, como la codicia, la idolatría, la blasfemia, la lujuria y la avaricia, encuentran expresión (Santiago 3:6).

Desde la perspectiva de Santiago, la lengua actúa como un vasto sistema de iniquidad, capaz de esparcir influencias destructivas como el fuego que se propaga incontrolablemente (Santiago 3:6). Lo describe como una puerta a través de la cual las influencias del infierno pueden impregnar e inflamar cada aspecto de la vida que toca (Santiago 3:6).

Curiosamente, Santiago emplea el término "infierno" (griego: Gehenna) fuera de los evangelios sinópticos, enfatizando el impacto generalizado del discurso desenfrenado tanto en las vidas individuales como posiblemente en la comunidad de creyentes (Santiago 3:6). Al describir la lengua en términos tan crudos, Santiago insta a los creyentes a ejercer vigilancia y disciplina en su habla, reconociendo su potencial para edificar y bendecir o para corromper y destruir.

3:7 Porque toda especie de bestia y de ave, de reptil y de criatura marina, puede ser domada y ha sido domada por el hombre,

Históricamente, los humanos han demostrado su capacidad para controlar diversas formas de vida animal. Desde enseñar a leones, tigres y monos a realizar trucos como saltar aros hasta entrenar loros y canarios para hablar y cantar, e incluso encantar serpientes o instruir a delfines y ballenas en la realización de tareas específicas, estas hazañas muestran la destreza de la humanidad en el entrenamiento y manipulación de animales (Santiago 3:7).

El mundo antiguo se enorgullecía de estas habilidades, viéndolas como un testimonio del dominio humano sobre el reino animal. La palabra griega utilizada por Santiago, a menudo traducida como "domesticada", podría traducirse con mayor precisión como "sometida". Esta distinción implica que, si bien los humanos han controlado con éxito a muchos animales, no todos han sido domesticados en el sentido de volverse completamente mansos o sumisos a la autoridad humana (Santiago 3:7).

James se basa en esta analogía para resaltar la naturaleza paradójica de la lengua. A pesar de la capacidad de la humanidad para controlar y manipular a los animales, la lengua sigue siendo un desafío formidable de controlar dentro de nosotros mismos (Santiago 3:8). Esta comparación resalta la importancia de dominar el habla, reconociendo su potencial para traer armonía y bendición o discordia y daño en nuestras interacciones y relaciones.

3:8, pero ningún ser humano puede domar la lengua. Es un mal inquieto, lleno de veneno mortal.

Santiago enfatiza el importante desafío de controlar la lengua, señalando que ningún ser humano, sin la ayuda del Espíritu Santo, ha podido jamás dominarla o domarla por completo (Santiago 3:8). Compara el peligro de la lengua con el de los animales venenosos y mortales, destacando su actividad incesante y su potencial destructivo solo a través de las palabras (Santiago 3:8).

Como el fuego y los animales salvajes, la lengua posee el poder de causar destrucción y daño (Santiago 3:5-6). Santiago destaca esto al establecer paralelos entre estos elementos, enfatizando su capacidad de causar estragos si no se manejan o restringen adecuadamente (Santiago 3:5).

Esta perspectiva se alinea con la sabiduría bíblica que se encuentra en pasajes como el Salmo 62:4, que reconoce el poder del habla para dañar y destruir. Por lo tanto, las enseñanzas de Santiago instan a los creyentes a confiar en la guía del Espíritu Santo para controlar su discurso, reconociendo su potencial para edificar o derribar, dependiendo de cómo se use (Santiago 3:9-12).

3:9 Con él bendecimos a nuestro Señor y Padre, y con él maldecimos a los hombres hechos a semejanza de Dios.

Santiago destaca la inconsistencia de usar nuestras palabras tanto para honrar a Dios como para deshonrar a otros seres humanos, que son creados a imagen de Dios (Génesis 1:27). Este enfoque dual contradice la verdad fundamental de que todas las personas reflejan la imagen divina y, por lo tanto, merecen respeto y honor en nuestro discurso (Santiago 3:9).

La importante lección de Santiago es que cuando maldecimos o hablamos mal de alguien creado a imagen de Dios, indirectamente maldecimos y le faltamos el respeto a Dios, el prototipo supremo de la imagen de la humanidad (Santiago 3:9).

En la tradición judía, bendecir a Dios se considera un acto sagrado, ejemplificado por rituales como la recitación de las Dieciocho Bendiciones, que concluyen con afirmaciones de la bendición de Dios (Santiago 3:9). De manera similar, los judíos tradicionalmente añadían "Bendito sea" a cada mención del nombre de Dios en palabras y escritos, reflejando profunda reverencia y respeto (Santiago 3:9).

La exhortación de Santiago desafía a los creyentes a alinear su discurso con esta reverencia y respeto, reconociendo la imagen divina en cada persona y honrando a Dios por la forma en que hablan de los demás y hacia los demás (Santiago 3:10-12). Este enfoque fomenta la unidad, el respeto y la dignidad dentro de la comunidad de fe, reflejando el carácter de Dios y su deseo de que nos amemos unos a otros como Él nos ama.

3:10 De una misma boca sale bendición y maldición. Hermanos míos, estas cosas no deberían ser así.

Santiago condena la inconsistencia donde las bendiciones para Dios y las maldiciones hacia los demás emanan de la misma boca, señalando que esto va en contra tanto de la voluntad de Dios como del orden natural de las cosas (Santiago 3:10). Si bien los creyentes poseen el potencial, a través del Espíritu Santo que mora en ellos, de controlar sus lenguas, es posible que no siempre aprovechen eficazmente esta capacidad (Santiago 3:8).

James insta a la aplicación práctica de la fe en la vida diaria. Él amonesta a aquellos que alaban a Dios en la adoración pero hablan perjudicialmente en otros lugares, ordenando la purificación del habla durante toda la semana (Santiago 3:9). Desafía a quienes excusan el hablar excesivo o los hábitos dañinos del habla, enfatizando la necesidad de disciplina y autocontrol en el habla (Santiago 3:10-11).

Para Santiago, la fe genuina es transformadora e impacta no sólo las creencias sino también los comportamientos, incluidos los hábitos de habla (Santiago 3:12). Espera que los cristianos busquen la gracia divina para cultivar un habla sana, rechazando hábitos corruptos como los chismes, los insultos, el ridículo y el sarcasmo dentro de las comunidades eclesiales (Santiago 3:13).

Santiago aborda las implicaciones más amplias del discurso dentro de los entornos de la iglesia, advirtiendo contra las disputas airadas y la calumnia que pueden surgir dentro de los conflictos internos (Santiago 4:1-2, 11-12). Destaca la importancia de un discurso que edifique en lugar de derribar, reflejando una vida transformada, alineada con la voluntad de Dios y caracterizada por el amor y el respeto por los demás (Santiago 3:13).

Las enseñanzas de Santiago llaman a los creyentes a alinear sus palabras con su fe, reconociendo que el verdadero conocimiento de Dios se manifiesta en vidas transformadas y en palabras que lo honran y edifican a otros.

3:11 ¿De una misma abertura brota un manantial de agua dulce y salada? 3:12 ¿Puede la higuera, hermanos míos, producir aceitunas, o la vid higos? Un estanque salado tampoco puede producir agua dulce.

Santiago utiliza poderosas ilustraciones para resaltar la inconsistencia inherente del habla humana (Santiago 3:11-12), estableciendo paralelos con fenómenos naturales que producen un solo tipo de resultado:

Manantial o Fuente : Así como un manantial o fuente produce agua dulce o amarga, pero no ambas, la lengua puede producir palabras que edifican o palabras que derriban (Santiago 3:11).

Higuera : De manera similar, una higuera produce naturalmente frutos de su propia especie: higos. Asimismo, la lengua, influenciada por la naturaleza humana, tiende a producir palabras que reflejan la condición del corazón y de la mente (Santiago 3:12).

Santiago enfatiza la necesidad de controlar la lengua debido a su naturaleza pequeña pero influyente (Santiago 3:5). Destaca el peligro de permitir que la lengua actúe sin control, comparando su potencial con el de una fuerza satánica e infecciosa que puede corromper relaciones y comunidades (Santiago 3:6-8). Por lo tanto, pide disciplina y limpieza del habla, reconociendo su tendencia a ser inconsistente y a veces dañina (Santiago 3:10-12).

En contraste con las enseñanzas superficiales e hipócritas de algunos líderes religiosos, Santiago aborda las causas fundamentales del comportamiento humano y la necesidad de una transformación genuina a través de la influencia santificadora del Espíritu Santo (Santiago 3:13). Insta a los creyentes a alinear su discurso con su fe, reflejando un corazón renovado y guiado por la sabiduría y el amor de Dios.

Sabiduría desde arriba

3:13 ¿Quién es sabio y entendido entre vosotros? Por su buena conducta, muestre sus obras en la mansedumbre de la sabiduría.

Santiago avanza en su discusión sobre el habla humana al vincular la sabiduría con el control de la lengua, enfatizando aplicaciones prácticas que se alinean con la perspectiva de Dios y promueven la paz (Santiago 3:13-18). Comienza destacando las calificaciones de un maestro, enfatizando la importancia de la sabiduría y el entendimiento que se derivan de ver la vida a través de la lente de Dios (Santiago 3:1).

Un elemento central de la enseñanza de Santiago es el concepto de que la sabiduría se manifiesta no sólo en la destreza intelectual o la agudeza verbal, sino principalmente en las acciones y el comportamiento de uno (Santiago 3:13). Se basa en la literatura sapiencial del Antiguo Testamento y sugiere que la sabiduría genuina se puede discernir a través de la conducta de una persona y la humildad con la que se somete a la autoridad divina (Santiago 3:13).

Santiago usa la palabra griega " prauteti " (mansedumbre o mansedumbre) para ilustrar la característica de una persona sabia, un rasgo comparable a un caballo entrenado bajo el control de una brida, que simboliza la fuerza templada por la humildad y la sumisión al Espíritu Santo (Santiago 3:13).). Esta humildad refleja una elección deliberada de poner la mente bajo la autoridad de Dios, permitiéndole guiar y controlar los pensamientos y el habla (Santiago 3:13; Mateo 11:27; 2 Corintios 10:1).

En contraste con las enseñanzas orgullosas y divisivas de los líderes autoproclamados, Santiago enfatiza la importancia de la humildad y la mansedumbre, especialmente para aquellos que desempeñan funciones docentes dentro de la iglesia (Santiago 3:14-16). Advierte contra los peligros del orgullo intelectual, instando a los maestros y predicadores a mantener la humildad y la integridad moral en su ministerio (Santiago 3:15-16).

En última instancia, el concepto de sabiduría de Santiago está profundamente arraigado en la integridad moral y la justicia práctica, enfatizando la transformación del corazón y la mente bajo la guía de la sabiduría de Dios en lugar de la mera destreza intelectual o elocuencia (Santiago 3:17-18). Alienta a los creyentes, especialmente a aquellos en roles de liderazgo, a ejemplificar humildad y gentileza en su discurso y conducta, reflejando la sabiduría de Dios y promoviendo la paz dentro de la comunidad de la iglesia (Santiago 3:17-18).

3:14 Pero si tenéis celos amargos y ambiciones egoístas en vuestro corazón, no os jactéis ni seáis falsos a la verdad.

Santiago advierte enérgicamente contra permitir que "los celos amargos y la ambición egoísta" echen raíces en el corazón de un maestro, ya que estas motivaciones conducen a palabras y acciones dañinas (Santiago 3:14). Describe la "envidia amarga" como una característica aguda y picante similar al agua amarga de un manantial, enfatizando su naturaleza corrosiva (Santiago 3:14). La envidia (zelos) aquí denota un deseo celoso que puede llevar al conflicto y la división dentro de la comunidad (Santiago 3:16).

El término "egoísmo" (eritheia) resalta aún más una actitud divisiva, a menudo traducida como "contienda" o "faccionalismo", que indica una búsqueda egoísta de intereses personales a expensas de la unidad y la verdad (Santiago 3:14). Este comportamiento, impulsado por la naturaleza humana pecaminosa, fomenta una mentalidad divisiva de "nosotros contra ellos", contraria al espíritu de humildad y altruismo que debería caracterizar la enseñanza y el liderazgo cristianos (Santiago 3:16).

Santiago conecta estas actitudes con la arrogancia y la jactancia (katakauchaomai), que promueven el interés propio en lugar de la verdad que los maestros tienen la tarea de comunicar (Santiago 3:14). Cuando los maestros sucumben a estas tentaciones, pueden distorsionar o enseñar falsedades (pseudomai) que contradicen el mensaje del evangelio y la verdad de Dios (Santiago 3:14).

Para James, la humildad es esencial para la verdadera sabiduría y la enseñanza eficaz. Critica a quienes se jactan de la sabiduría sin vivir humildemente, afirmando que tal arrogancia es incompatible con los caminos de Dios (Santiago 3:14). Este llamado a la humildad se aplica universalmente, desafiando tanto a cristianos como a no cristianos a adoptar una mentalidad que priorice la verdad, la unidad y el bienestar de los demás por encima de agendas personales o ambiciones egoístas (Santiago 3:14).

En resumen, Santiago insta a los maestros y a todos los creyentes a cultivar la humildad, rechazar las ambiciones egoístas y promover la unidad y la verdad en sus palabras y acciones, reflejando la sabiduría y el amor de Dios en sus vidas.

3:15 **Esta no es sabiduría que desciende de lo alto, sino terrenal, no espiritual, demoníaca.**

Santiago critica un tipo de "sabiduría" que tiene sus raíces en los celos y la ambición egoísta, afirmando que no se origina en el temor del Señor (Santiago 3:15). En cambio, este tipo de sabiduría se alinea con los aspectos terrenales y naturales del mundo, desprovistos de la influencia sobrenatural del Espíritu de Dios (Santiago 3:15). Santiago llega incluso a etiquetarlo como "demoníaco", comparándolo con las características engañosas, hipócritas y malvadas asociadas con la influencia demoníaca (Santiago 3:15).

La distinción que hace Santiago resalta el contraste entre la sabiduría mundana, que prioriza el beneficio personal y la ambición, y la verdadera sabiduría que surge de la reverencia y la obediencia a Dios (Santiago 3:15). Esta sabiduría mundana refleja los enemigos espirituales de la humanidad, es decir, el mundo (terrenal), la carne (natural) y el diablo (demoníaco), que se oponen a la verdad de Dios y alejan a las personas de la fe y la justicia genuinas (Santiago 3:15). .

James enfatiza que la verdadera sabiduría no es meramente académica o intelectual; se demuestra a través de obras y acciones justas que reflejan una vida transformada por la verdad de Dios (Santiago 3:16). Desafía a los creyentes a buscar sabiduría que trascienda los estándares mundanos, centrándose en cambio en aplicar la verdad de Dios a cada aspecto de la vida, encarnando así fe y obediencia genuinas (Santiago 3:16).

La enseñanza de Santiago resalta la importancia de discernir entre la sabiduría mundana impulsada por la ambición egoísta y la verdadera sabiduría que emana de un temor reverente al Señor y se alinea con Sus principios divinos. Llama a los creyentes a buscar la sabiduría que conduce a la justicia y refleja el carácter de Dios diariamente.

3:16 **Porque donde existen los celos y la ambición, allí habrá desorden y toda conducta vil.**

Santiago enfatiza que Dios, en Su naturaleza y carácter, representa el orden y la paz, no el desorden o la conmoción (Santiago 3:16; 1 Corintios 14:33). Esto contrasta marcadamente con la presencia de "celos y ambiciones egoístas", que Santiago identifica como características que no se alinean con la sabiduría proporcionada por Dios (Santiago 3:16).

El término "desorden" (del gr. akatastasia) denota un estado de confusión, tumulto o inestabilidad, que es antitético a la naturaleza de Dios como fuente de orden y paz, reflejada en Su creación (Génesis 1) y Su gobierno sobre el universo

(1 Corintios 14:33). Dios se opone a "todo mal" (1 Juan 1:5), incluidas las influencias divisivas y destructivas de los celos y la ambición egoísta (Santiago 3:16).

Santiago advierte además contra el impacto perjudicial de las personas que, a pesar de su perspicacia intelectual y elocuencia, siembran discordia y lucha dentro de comunidades e iglesias (Santiago 3:16). Tal comportamiento , impulsado por la sabiduría mundana arraigada en el interés propio y el orgullo, se describe como "diabólico" en lugar de divino, y se alinea más con las intenciones destructivas de Satanás que con la obra redentora de Dios (Santiago 3:16).

Por lo tanto, Santiago destaca la importancia de discernir la sabiduría que fomenta la unidad, la paz y la justicia (atributos que reflejan el carácter de Dios) y la sabiduría que promueve la división, el conflicto y la ambición egoísta. Los creyentes están llamados a buscar y encarnar la sabiduría que fluye de un corazón transformado por la verdad de Dios y caracterizado por la humildad, el amor y el compromiso con los propósitos de Dios (Santiago 3:16).

3:17 Pero la sabiduría de lo alto es pura, luego pacífica, amable, dócil, llena de misericordia y de buenos frutos, imparcial y sincera.

"La sabiduría de lo alto", como la describe James, encarna varias características esenciales que la distinguen de la sabiduría mundana y reflejan su origen divino. James describe estas cualidades para ilustrar cómo la verdadera sabiduría se alinea con la naturaleza de Dios y fomenta la justicia y la paz genuinas dentro de los creyentes y las comunidades.

En primer lugar, esta sabiduría es "pura" (gr. hagnos), lo que indica que está libre de contaminación o impureza moral (Santiago 3:17). Está en marcado contraste con las ambiciones egoístas y los celos que caracterizan la sabiduría mundana (Santiago 3:16).

En segundo lugar, la sabiduría de lo alto es "amante de la paz" (gr. eirenikos); busca armonía y unidad en lugar de causar conflictos o división (Santiago 3:17). Esto se alinea con el deseo de Dios de que su pueblo viva en paz unos con otros y promueva la reconciliación (Mateo 5:9).

En tercer lugar, es "gentil" (gr. epiekes), demostrando una actitud considerada y amable hacia los demás, evitando la dureza o la rigidez (Santiago 3:17). Esta gentileza refleja la naturaleza compasiva y paciente de Dios mismo (Salmo 145:8).

En cuarto lugar, esta sabiduría es "razonable" (gr. eupeithes), lo que indica su apertura a la razón y su voluntad de ceder a la sabiduría y la verdad (Santiago 3:17). No insiste tercamente en seguir su propio camino, sino que es humilde y dócil.

En quinto lugar, está "lleno de misericordia" (gr. eleos), mostrando activamente compasión y perdón hacia los demás de manera práctica (Santiago 3:17). Esto refleja la abundante misericordia de Dios hacia la humanidad y anima a los creyentes a extender gracia a los demás (Efesios 2:4).

En sexto lugar, está "llena de buenos frutos" (gr. karpos), produciendo obras de justicia y actos de bondad que benefician a otros (Santiago 3:17). Esto enfatiza la manifestación práctica de la fe y el amor en las vidas de los creyentes (Gálatas 5:22-23).

En séptimo lugar, es "imparcial" (gr. adiakritos), siendo coherente y justo en su trato hacia los demás, sin favoritismo ni prejuicios (Santiago 3:17). Esto refleja la justicia e imparcialidad de Dios en su trato con todas las personas (Romanos 2:11).

Por último, esta sabiduría es "sin hipocresía" (gr. anupokritos), genuina y sincera en sus motivos y acciones, transparente y fiel a sus creencias profesadas (Santiago 3:17). Llama a los creyentes a vivir auténtica y honestamente ante Dios y los demás (1 Pedro 1:22).

Santiago presenta "la sabiduría de lo alto" como una fuerza transformadora que moldea las actitudes, acciones y relaciones de los creyentes de acuerdo con los estándares divinos de pureza, paz, compasión, justicia y sinceridad de Dios. Contrasta marcadamente la sabiduría egocéntrica, divisiva e hipócrita del mundo, llamando a los cristianos a buscar y encarnar la sabiduría de Dios en todos los aspectos de la vida.

3:18 Y la cosecha de justicia se siembra en paz para los que hacen la paz.

James destaca la gran importancia del discurso, especialmente para aquellos comprometidos con la difusión de la Palabra de Dios y el fomento de la paz dentro de las comunidades. Enseña que quienes aspiran a cultivar la justicia deben hacerlo por medios pacíficos, evitando palabras y acciones que provoquen conflicto o división (Santiago 3:18).

El término "justicia" aquí abarca todo lo correcto y bueno a los ojos de Dios, enfatizando la integridad moral y ética integral. Santiago exhorta que esta justicia fructífera no puede florecer si se siembra en medio de un discurso contencioso o incendiario, estableciendo paralelos con las enseñanzas de Pablo sobre cómo manejar los desacuerdos dentro de la iglesia (1 Timoteo 5:1-2; 2 Timoteo 2:14, 24-26).

"La sabiduría de lo alto", como la describe Santiago, prioriza la justicia y la paz, guiando a los creyentes a buscar la reconciliación y la armonía en sus interacciones (Santiago 3:17). Esta sabiduría fomenta un clima propicio para producir el "fruto" de justicia: una cosecha marcada por obras de bondad e integridad (Santiago 3:18).

Santiago enfatiza que el habla agradable y edificante proviene de un espíritu sabio y cultivado, subrayando la conexión entre la consideración y la capacidad de controlar la lengua (Santiago 3:13-18). Recuerda a los creyentes que sólo Dios puede domar la lengua e impartir la sabiduría para hablar con gracia y sinceridad.

Por lo tanto, Santiago aconseja cautela al asumir funciones docentes, destacando la responsabilidad que conlleva el uso de palabras que tienen el poder de edificar o derribar (Santiago 3:1). Afirma que la verdadera sabiduría, caracterizada por la humildad, la gracia y la paz, se origina únicamente en Dios y es esencial para un ministerio fructífero y una vida cristiana genuina (Santiago 3:17-18).

Las enseñanzas de Santiago en este capítulo sirven como un recordatorio vital del impacto significativo de nuestras palabras y la necesidad de alinear nuestro discurso con la sabiduría de lo alto. Al cultivar un espíritu de humildad y buscar la paz, los creyentes pueden cumplir efectivamente el llamado de Dios y producir una cosecha fructífera de justicia en sus vidas y comunidades.

Resumen del Capítulo 3

El capítulo 3 del Libro de Santiago aborda el tema del control de la lengua y la sabiduría que viene de lo alto. Aquí hay un resumen detallado:

El poder de la lengua (Santiago 3:1-5a) : Santiago comienza advirtiendo contra el deseo de ser maestros, ya que serán juzgados más estrictamente. Utiliza analogías para ilustrar el poder y el daño potencial de la lengua: un bocado en la boca de un caballo controla todo el caballo, un pequeño timón dirige un barco grande y una pequeña chispa puede prender fuego a un bosque. Asimismo, aunque pequeña, la lengua tiene un gran poder y debe ser controlada cuidadosamente.

El problema de la lengua indómita (Santiago 3:5b-12) : Santiago destaca la naturaleza paradójica de la lengua, que puede bendecir y maldecir, alabar a Dios y calumniar a los demás. Critica la inconsistencia del uso de la lengua para la adoración y el habla dañina. Compara la lengua con un manantial que produce agua dulce o amarga, enfatizando que una fuente pura no puede producir agua impura.

La verdadera sabiduría y sus características (Santiago 3:13-18) : Santiago contrasta la sabiduría terrenal, caracterizada por los celos, la ambición egoísta y el desorden, con la sabiduría celestial, que se manifiesta en pureza, actitudes amantes de la paz, gentileza, razonabilidad, misericordia, bondad. frutos, imparcialidad y sinceridad. Explica que la verdadera sabiduría de lo alto conduce a una cosecha de rectitud y fomenta la paz en las relaciones y comunidades.

La fuente del conflicto (Santiago 4:1-3) : Santiago identifica la causa fundamental de los conflictos y disputas entre los creyentes: deseos egoístas y pasiones desenfrenadas que conducen a la envidia, la codicia y las peleas. Sostiene que estos conflictos surgen porque las personas no le piden a Dios lo que necesitan o lo piden con motivos equivocados, buscando sólo satisfacer sus propios placeres.

El llamado a la humildad y la sumisión (Santiago 4:4-10) : Santiago reprende a los que son amigos del mundo, advirtiéndoles de la enemistad entre la amistad con el mundo y la amistad con Dios. Pide arrepentimiento, humildad y sumisión a Dios, instando a los creyentes a acercarse a Él para que Él se acerque a ellos. Alienta el dolor genuino por el pecado y la purificación de los corazones de la doble mentalidad .

Advertencia contra la arrogancia (Santiago 4:11-17) : Santiago amonesta hablar mal unos de otros y juzgar a los demás, enfatizando que solo Dios es el verdadero juez. Advierte sobre la jactancia y la arrogancia al hacer planes sin reconocer la soberanía de Dios sobre el futuro. Concluye afirmando la necesidad de la humildad, la confianza en la voluntad de Dios y la obediencia que surge de la fe.

Temas importantes :

- **Control de la lengua** : El capítulo enfatiza la importancia de controlar el habla y usar la lengua para edificación en lugar de destrucción.
- **Sabiduría desde arriba** : Santiago contrasta la sabiduría terrenal (egoísta y desordenada) con la sabiduría celestial (pura, pacífica y justa).
- **Conflicto y humildad** : Santiago aborda las causas fundamentales del conflicto dentro de la comunidad y pide humildad, sumisión a Dios y arrepentimiento.
- **La soberanía de Dios y la responsabilidad humana** : Santiago destaca el equilibrio entre reconocer la soberanía de Dios y ejercer una administración responsable de las acciones y palabras de uno.

Santiago 3 sirve como una importante exhortación a vivir sabiamente, hablar responsablemente y cultivar la paz y la rectitud en las relaciones, guiados por la sabiduría que viene de Dios.

Capítulo 3 Oración

Padre celestial,

Venimos ante Ti con corazones humillados por Tu Palabra. Nos has mostrado a través de Santiago el poder y el daño potencial de la lengua, y confesamos que a menudo no logramos controlar nuestro habla. Perdónanos, Señor, porque hemos usado nuestras palabras para dañar a otros, chismear, jactarnos o hablar sin considerar tu sabiduría.

Concédenos, oh Dios, la sabiduría de lo alto. Que nuestras lenguas sean instrumentos de Tu paz, hablando palabras de aliento, bondad y verdad. Ayúdanos a aprovechar el poder de nuestras palabras para edificar a otros y glorificar Tu nombre. Enséñanos a ser rápidos para escuchar, lentos para hablar y lentos para enojarnos, reflejando Tu carácter en nuestras interacciones con los demás.

Padre, elimina de raíz cualquier celos, ambición egoísta u orgullo que pueda persistir en nuestros corazones. Reemplácelos con humildad y un deseo genuino de justicia. Ayúdanos a buscar la paz en nuestras relaciones y comunidades, esforzándonos por sembrar semillas de unidad y comprensión.

Que siempre recordemos que nuestra sabiduría y comprensión provienen únicamente de Ti. Guíanos en cada decisión y conversación para que podamos honrarte en todo lo que decimos y hacemos.

En el nombre de Jesús, oramos, Amén.

Capítulo 3 Preguntas

¿Qué enfatiza Santiago como aspecto crucial de la madurez cristiana en el capítulo 3?

Según James, ¿por qué debería uno aspirar a ser maestro en la iglesia?

¿Qué ilustraciones usa Santiago para ilustrar el poder de la lengua?

¿Qué analogía usa Santiago para describir cómo la lengua puede provocar consecuencias importantes?

¿Qué contraste establece James entre las capacidades de la lengua y su potencial dañino?

Según Santiago, ¿qué clase de sabiduría es terrenal y demoníaca?

¿Cuáles son las características de la sabiduría de lo alto, tal como la describe Santiago?

¿Cómo conecta Santiago la sabiduría con la pacificación ?

¿Qué advierte James sobre los peligros del discurso incontrolado?

¿Qué principio espiritual enfatiza Santiago con respecto al poder de la lengua?

¿Cómo usa Santiago analogías de la naturaleza para ilustrar sus puntos sobre la lengua?

¿Por qué James advierte contra el deseo de ser maestro?

Según Santiago, ¿cuáles son algunas características de la sabiduría terrenal?

¿Qué papel juega la lengua en la discusión de Santiago sobre la fe y las acciones?

¿Cómo describe Santiago la naturaleza de la lengua?

¿Qué consejo da James a quienes aspiran a ser maestros?

¿Cómo conecta James la sabiduría con el comportamiento?

Según Santiago, ¿cuáles son los frutos de la sabiduría de lo alto?

¿Con qué compara Santiago la lengua en cuanto a su potencial de daño e influencia?

¿Cómo se relaciona la enseñanza de Santiago sobre la lengua con temas más amplios de la vida cristiana?

Santiago Capítulo 4:1-17

Advertencia contra la mundanalidad

En este capítulo, Santiago brinda orientación para fomentar la paz entre los creyentes, enfatizando la armonía con Dios, los demás y uno mismo. Este tema se alinea estrechamente con enseñanzas anteriores en el capítulo 1 (cf. Santiago 4:6 con 1:5, 21; 4:8b con 1:6-8, 15, 21, 27; 4:9-10 con 1:21). .

Santiago 4 continúa la discusión sobre el conflicto, ampliando su enfoque más allá de los maestros mencionados en 3:14 para incluir a toda la comunidad que lucha con problemas similares. Identifica que los conflictos surgen de deseos internos (versículos 1-3) y son exacerbados por influencias mundanas. Santiago destaca la imposibilidad de amar simultáneamente al mundo y a Dios (versículos 4-6), instando a los cristianos a resistir al diablo y acercarse a Dios (versículos 7-10). Por lo tanto, este capítulo sirve como una guía práctica para navegar los conflictos interpersonales dentro de la comunidad cristiana mientras se profundiza la relación con Dios.

4:1 **¿Qué es motivo de contiendas y de riñas entre vosotros? ¿No es esto que vuestras pasiones están en guerra dentro de vosotros?**

Santiago comienza este capítulo abordando una cuestión práctica que enfrentan sus lectores: conflictos y peleas entre creyentes. Habiendo enfatizado previamente la importancia de evitar conflictos y promover la paz (Santiago 3:14-16, 13, 17-18), Santiago ahora enfrenta la realidad de la discordia dentro de la comunidad cristiana.

Santiago se refiere a disputas internas y divisiones entre hermanos cristianos, no a guerras externas. La ausencia de su habitual discurso cálido, "hermanos y hermanas" (que se encuentra en 1:2; 2:1; 3:1) en esta sección podría indicar la gravedad del asunto en cuestión (versículo 13). Algunos eruditos sugieren que esta omisión puede evitar la repetición o resaltar la gravedad de los pecados discutidos, lo que lleva a algunos a especular si Santiago dirigió esta exhortación únicamente a los judíos incrédulos. Sin embargo, el uso constante de Santiago de "hermanos y hermanas" a lo largo de la epístola sugiere que se dirige a sus compañeros cristianos en cada sección.

El cambio abrupto de la imagen serena de la sabiduría de lo alto (Santiago 3:17-18) a la cruda realidad del conflicto mundano (Santiago 4:1-12) resalta la necesidad urgente de una fuerte reprimenda de Santiago contra la mundanalidad. Este espíritu mundano históricamente ha plagado a la iglesia en varias formas sutiles. Santiago describe estas manifestaciones: luchas egoístas entre los creyentes (4:1-12), presuntuosa autosuficiencia en la planificación de negocios (4:13-17), reacciones inadecuadas ante la injusticia (5:1-11) y el mal uso de juramentos por propósitos egoístas (5:12).

En resumen, las exhortaciones de Santiago en este capítulo son un agudo recordatorio de los peligros de la mundanalidad y de la importancia crítica de mantener la paz y la unidad dentro de la comunidad cristiana, basadas en la sabiduría celestial y no en los deseos terrenales.

James distingue entre "peleas" (griego: polemoi , guerras) y "conflictos" (griego: machoi , batallas) al abordar tanto disputas a gran escala entre muchos individuos como tensiones más pequeñas dentro o entre unas pocas personas. Identifica ambos tipos de conflicto como perjudiciales para la paz dentro de la comunidad. La frase "entre vosotros" es una advertencia general dirigida a todos los lectores, destacando el carácter universal de estas cuestiones entre los creyentes.

James señala los "placeres" como la causa fundamental de estos conflictos mediante una pregunta retórica. Aquí, los "placeres" se refieren a deseos cumplidos, que James compara con un ejército sitiador que ataca a individuos. En lugar de que estos deseos entren en conflicto entre sí dentro de un creyente, Santiago enfatiza que atacan colectivamente al individuo. Esto contrasta con la idea errónea de que las circunstancias externas causan principalmente conflictos; Santiago remonta su origen a los deseos internos (versículo 2).

La búsqueda de la satisfacción personal es un tema omnipresente en la cultura humana, donde las personas invierten mucho tiempo, dinero y energía en satisfacer sus deseos (cf. Lucas 8:14; Tito 3:3). Santiago desafía a los creyentes a evaluar si sus recursos están dirigidos principalmente a satisfacer deseos egoístas o a alinearse con los deseos de Dios (Mateo 6:33a). Si bien los deseos egoístas son inherentes a la naturaleza humana y continúan ejerciendo influencia, James afirma que no deben dominar nuestras vidas; más bien, los deseos de Dios deben tener prioridad.

En la sociedad contemporánea, la glorificación de la autogratificación está muy extendida, incluso entre los cristianos. La enseñanza de Santiago insta a los creyentes a priorizar los deseos de Dios sobre las búsquedas egoístas, reconociendo que tal alineación interna fomenta la paz y la armonía dentro de la comunidad cristiana.

4:2 Deseas y no tienes, por eso matas. Codiciáis y no podéis obtener, por eso peleáis y riñéis. No tienes porque no pides.

James destaca las graves consecuencias del deseo desenfrenado, señalando que la manifestación última de la lujuria desenfrenada puede conducir a un "asesinato" metafórico. Este concepto se puede ver a lo largo de la historia, desde el acto de Caín de matar a Abel (Génesis 4) hasta los pecados de David (2 Samuel 11) y Acab (1 Reyes 21), y sigue siendo relevante hoy. Si bien James probablemente no estaba acusando a sus lectores de asesinato literal, usa este ejemplo extremo para resaltar los resultados destructivos de vivir únicamente para satisfacer deseos egoístas.

En el contexto del lenguaje contundente de James, como "guerras" y "batallas", tiene sentido interpretar "tú matas" (phoneuete) como una hipérbole de odio intenso. Esta interpretación se alinea con enseñanzas similares en Mateo 5:21-22 y 1 Juan 3:15, que equiparan el odio con el asesinato. Por tanto, James sugiere que los deseos no satisfechos a menudo conducen a conflictos y disputas individuales.

La codicia y la envidia, como se describen en el texto de Santiago, frecuentemente resultan en conflictos y discordias. Cuando los deseos siguen insatisfechos, los individuos suelen recurrir a discusiones y peleas. Este ciclo ilustra cómo codiciar lo que otros tienen o envidiar sus posiciones genera descontento y conflicto relacional.

Santiago propone una solución: pedirle a Dios lo que se necesita en lugar de esforzarse egoístamente. Destaca la importancia de la oración para obtener satisfacción y bendiciones de Dios. Esta enseñanza se alinea con otros pasajes bíblicos (por ejemplo, Lucas 11:5-13) que alientan a los creyentes a buscar la provisión de Dios a través de la oración.

Santiago retrata a Dios como la fuente suprema de todas las cosas buenas, invitando a los creyentes a acercarse a Él en oración por sus necesidades. Dejar de hacerlo, sugiere James, es como ignorar un tesoro valioso una vez que ha sido revelado. Por lo tanto, insta a sus lectores a buscar activamente la guía y provisión de Dios a través de la oración, reconociendo que la verdadera realización proviene de alinear los propios deseos con la voluntad de Dios.

4:3 Pedís y no recibís, porque pedís mal, para gastarlo en vuestras pasiones.

Comúnmente oramos a Dios con peticiones que se alinean más con nuestros deseos egoístas que con Su voluntad. Santiago destaca la importancia de examinar nuestros motivos cuando oramos, advirtiéndonos contra pedir cosas simplemente para cumplir ambiciones o placeres personales que pueden no estar alineados con los propósitos de Dios para nosotros. En cambio, Santiago anima a los creyentes a buscar de Dios un mayor deseo de lo que Él promete y ordena, alineando así nuestros corazones con Su voluntad (cf. Mateo 7:7-11).

Según James, la oración no debe reducirse a una mera fórmula o ritual en el que decir las palabras correctas o reunir suficiente fe garantiza el resultado deseado. Tal enfoque reduciría la oración a una forma de manipulación o un medio para imponer nuestra voluntad a Dios, lo que contradice el énfasis del Nuevo Testamento en la oración como una relación basada en la confianza. La oración genuina surge de una profunda confianza en Dios como nuestro Padre, cuya voluntad soberana supera nuestros deseos.

En el contexto del ministerio cristiano, las enseñanzas de Santiago sobre la oración también desafían a los creyentes, particularmente a los ministros, a priorizar la voluntad de Dios sobre las preferencias personales o las expectativas de los demás. Critica escenarios en los que las actividades ministeriales podrían justificarse por "acertar con las prioridades".

Aun así, podría surgir de la autogratificación en lugar de un verdadero servicio a Dios y a su pueblo. Ya sea que uno se dedique al cuidado activo de los enfermos, a la evangelización intensiva o se centre únicamente en la preparación de sermones, la clave está en discernir y alinearse con la dirección de Dios en lugar de satisfacer pasiones o ambiciones personales.

En última instancia, Santiago llama a los creyentes a acercarse a la oración con un deseo sincero de buscar la voluntad de Dios, reconociendo que la verdadera realización y eficacia en el ministerio provienen de alinear nuestros deseos con Sus propósitos divinos.

4:4 ¡Pueblo adúltero! ¿No sabes que la amistad con el mundo es enemistad con Dios? Por tanto, quien quiera ser amigo del mundo se hace enemigo de Dios.

La cuestión central de James es elegir entre amar a "Dios" o amar "al mundo". El concepto de "el mundo", en su forma más simple, se refiere al entorno natural al que entra cada persona al nacer y al que abandona al morir. Abarca los aspectos visibles y temporales de la vida que nuestros sentidos perciben, en contraste con las realidades invisibles y eternas (cf. 1 Juan 2:15-17).

"El mundo", como lo describe Santiago, promueve el amor propio y prioriza los placeres personales (Santiago 4:3) sobre los deseos de Dios. Al alinearse con esta mentalidad mundana, las personas actúan infielmente hacia Dios, de manera similar a ser esposas espirituales infieles al Señor. Tal alineación con los valores mundanos lo posiciona a uno como enemigo de Dios, ya que implica una elección deliberada de seguir los deseos mundanos en lugar de la voluntad de Dios (Mateo 6:24). James deja claro que mantener una relación amistosa con Dios y al mismo tiempo abrazar la filosofía del mundo es imposible.

Por el contrario, Dios invita a los creyentes a incluirlo en todos los aspectos de la vida porque Él está inherentemente entrelazado con toda la existencia . Sin Él, nada se puede lograr verdaderamente (Juan 15:5). Por lo tanto, Santiago destaca que aquellos que persiguen el éxito mundano como objetivo principal no pueden mantener simultáneamente una amistad con Dios. La búsqueda de metas mundanas a menudo aleja a las personas de la voluntad y la presencia de Dios, fomentando una desconexión espiritual y obstaculizando una intimidad genuina con Él.

James anima a los creyentes a priorizar conscientemente amar y obedecer a Dios por encima de todo o sucumbir a los deseos y valores mundanos. Esta elección moldea fundamentalmente el viaje espiritual y la relación de uno con Dios, determinando si uno camina en alineación con Su propósito divino o se aleja más hacia el distanciamiento espiritual.

4:5 ¿O pensáis que en vano dice la Escritura: Anhela celosamente el espíritu que hizo habitar en nosotros?

En el discurso de Santiago, apoya su afirmación del versículo 4 sobre las consecuencias espirituales de amar al mundo al aludir a las enseñanzas de las Escrituras sobre los celos de Dios. En lugar de citar directamente un versículo específico, Santiago resume el tema bíblico más amplio que se encuentra en pasajes como Éxodo 20:5; 34:14, Salmo 42:1; 84:2 y Zacarías 8:2, que enfatizan el celo de Dios por la devoción de su pueblo.

La traducción de Santiago 4:5 tiene matices, pero generalmente se entiende que transmite la idea de que "Dios anhela celosamente el espíritu que hizo vivir en nosotros". Esto también podría parafrasearse como "El Espíritu que hizo habitar en nosotros anhela celosamente toda la devoción del corazón". Esta interpretación se alinea bien con el contexto anterior, donde Santiago acusa a aquellos que aman el mundo de cometer adulterio espiritual contra Dios (versículo 4), contrastándolo con el Espíritu de Dios que desea apasionadamente el compromiso incondicional de su pueblo.

La frase griega pros phthonon , traducida como "celosamente", transmite envidia y celo por proteger algo precioso. El verbo epipothei enfatiza aún más el intenso anhelo o anhelo. Juntas, estas expresiones retratan vívidamente al Espíritu de Dios deseando fervientemente la lealtad y el afecto indivisos de los creyentes, similar a las imágenes que se encuentran en otros pasajes del Nuevo Testamento como Romanos 8:11, 1 Corintios 3:16, Gálatas 4:6, Efesios 4:30. , y Juan 7:39; 16:7.

En este versículo, algunas interpretaciones sugieren erróneamente que nuestro espíritu humano es objeto de celos y anhelo. Aún así, contextual y gramaticalmente, está claro que Santiago se refiere al Espíritu de Dios.

Santiago emplea referencias del Antiguo Testamento sobre los celos de Dios para resaltar la gravedad de la infidelidad espiritual. Los creyentes que priorizan los deseos mundanos sobre la voluntad de Dios corren el riesgo de alejarse de Él, ya que Dios, a través de Su Espíritu, desea apasionadamente y merece su completa devoción. Por lo tanto, Santiago desafía a sus lectores a alinear sus afectos con los deseos de Dios, reconociendo que la amistad con el mundo constituye enemistad hacia Dios e infidelidad espiritual.

4:6 Pero él da más gracia. Por eso, dice: "Dios se opone a los soberbios pero da gracia a los humildes".

Dios establece un alto estándar de amor y devoción incondicionales por su pueblo, esperando que prioricen sus deseos por encima de los suyos propios. Esta norma se refleja en varios pasajes de las Escrituras, incluido Proverbios 3:34, al que alude Santiago en su carta. El versículo contrasta la respuesta de Dios a los orgullosos, a quienes se opone, con su favor hacia los humildes, a quienes concede gracia.

Para aquellos que persiguen placeres egoístas y priorizan los deseos mundanos, caracterizados por el orgullo y la autosuficiencia, Dios se opone a sus acciones y actitudes. Esta oposición significa Su desaprobación y resistencia hacia aquellos que no están alineados con Su voluntad y principios.

Por el contrario, Dios extiende abundantemente su gracia a los humildes. En este contexto, la humildad implica reconocer la dependencia de Dios y priorizar Sus deseos sobre las ambiciones y placeres personales. La gracia de Dios fortalece a los humildes para resistir los desafíos planteados por las tentaciones internas (la carne) y las presiones externas del mundo.

Esta gracia no es meramente pasiva sino activa, y brinda asistencia , fortaleza y recursos espirituales para afrontar los desafíos de la vida de una manera que honre a Dios. Permite a los creyentes resistir el atractivo de los deseos egoístas y vivir de acuerdo con los propósitos de Dios. Por lo tanto, si bien Dios mantiene Su estándar de devoción incondicional, también proporciona los medios, a través de Su gracia, para que Su pueblo cumpla ese estándar, permitiéndoles vivir en alineación con Su voluntad y experimentar Su poder transformador en sus vidas.

4:7 Someteos, pues, a Dios. Resistid al diablo, y huirá de vosotros.

Santiago da diez órdenes decisivas en los versículos 7 al 10, usando imperativos aoristos griegos que se asemejan a órdenes militares. Estos imperativos resaltan la postura seria de Santiago contra el doble ánimo entre los creyentes.

En primer lugar, Santiago instruye a los creyentes a "someterse" a Dios con humildad. Esta sumisión va más allá de la mera obediencia; implica alinear nuestras prioridades con las de Dios, entregar nuestra voluntad a la suya y comprometernos a cumplir sus deseos en lugar de perseguir ambiciones egoístas.

En segundo lugar, Santiago insta a los creyentes a "resistir" vigorosamente a Satanás. Partiendo de las enseñanzas de 1 Pedro 5:9, resistir a Satanás implica oponerse firmemente a sus tentaciones y maquinaciones. Las tácticas principales de Satanás incluyen inducir duda, negación, desprecio y desobediencia hacia la Palabra de Dios, como se evidencia en sus interacciones con figuras como Eva y Jesús (cf. Génesis 3; Mateo 4). L os creyentes pueden resistir la influencia del diablo rechazando firmemente estas tentaciones.

Al reflexionar sobre la guerra espiritual, Martín Lutero sabiamente desaconsejó discutir con el Diablo, destacando su amplia experiencia y astucia. La visión de Lutero resalta la importancia de no subestimar las tácticas de Satanás, sino de confiar en la fuerza y la sabiduría de Dios para resistir sus planes.

Los mandamientos de Santiago enfatizan la necesidad de que los creyentes tomen medidas decisivas en sus vidas espirituales: someterse plenamente a la voluntad de Dios con humildad y resistir firmemente los intentos de Satanás de desviarlos. Esta postura activa asegura que los creyentes mantengan una relación fiel y alineada con Dios, empoderados por Su gracia para navegar los desafíos y conflictos que surgen en su viaje espiritual.

4:8 Acercaos a Dios, y él se acercará a vosotros. Limpiaos las manos, pecadores, y purificad vuestro corazón, los de doble ánimo.

Santiago enfatiza no sólo la importancia de resistir a Satanás sino también de acercarse a Dios. Esta doble acción es esencial para los creyentes que buscan profundizar su relación con Dios y mantener la pureza espiritual.

Acercarse a Dios implica un acercamiento deliberado hacia Él. Santiago usa la imagen de "acercarse" para indicar una relación íntima y cercana con Dios. Santiago nos asegura que Dios corresponde acercándose a nosotros cuando nos acercamos a Dios de esta manera. Esta cercanía con Dios refleja la relación que tenían los sacerdotes en Israel cuando se acercaban a Dios en el Tabernáculo o templo, enfatizando la necesidad de pureza y santidad.

Para acercarse eficazmente a Dios, los creyentes deben pasar por un proceso de purificación. Este proceso abarca tanto acciones externas ("limpiad vuestras manos") como actitudes internas ("purificad vuestros corazones"). "Lavarnos las manos" simboliza el arrepentimiento y el alejamiento de conductas pecaminosas, mientras que "purificar nuestros corazones" implica confesar y abordar los motivos y deseos internos que pueden estar divididos o impuros.

Santiago destaca la importancia de la confesión y el arrepentimiento como elementos clave de este proceso de purificación, haciéndose eco de los principios que se encuentran en 1 Juan 1:9. Al confesar nuestros pecados y arrepentirnos de ellos, eliminamos las barreras que obstaculizan nuestra relación con Dios y purificamos nuestro corazón de cualquier duplicidad o lealtades divididas.

En última instancia, Santiago llama a los creyentes a abrazar la determinación: un enfoque singular en vivir sólo para la gloria de Dios, en lugar de estar divididos entre perseguir la voluntad de Dios y satisfacer deseos egoístas. Esta unicidad de propósito alinea nuestros corazones y acciones con los deseos de Dios, fomentando una relación más cercana e íntima con Él a medida que nos acercamos en pureza y devoción.

4:9 Desdichaos y lamentad y llorad. Que vuestra risa se convierta en luto y vuestra alegría en tristeza.

La exhortación de Santiago a sus lectores, que se habían comprometido con el mundo y tenían doble ánimo, fue un llamado a reconciliar su relación con Dios. Los instó a abandonar sus lealtades divididas y priorizar la voluntad de Dios por encima de los deseos egoístas .

Es importante señalar que Santiago no estaba abogando por un estado perpetuo de miseria o dolor constante entre los cristianos. Más bien, señaló que el verdadero arrepentimiento a menudo implica un cambio visible en el comportamiento y la actitud exterior. Las expresiones de "luto", "llanto" y estar "triste" simbolizan un arrepentimiento genuino, ya que reflejan un profundo dolor por los pecados pasados y un sincero alejamiento de un estilo de vida anterior marcado por el compromiso y el pecado.

En Mateo 5:3-4, Jesús habla de manera similar de aquellos que son "pobres de espíritu" y "lloran", indicando una humildad espiritual y un dolor genuino por el pecado. Estas actitudes no tienen que ver con el dolor perpetuo sino con un reconocimiento sincero de la propia pobreza espiritual y un profundo deseo de la justicia de Dios.

El énfasis de James en abandonar la risa y la alegría para perseguir deseos egoístas no significa rechazar toda alegría o felicidad en la vida. Más bien, resalta la necesidad de priorizar la integridad espiritual y el alineamiento con la voluntad de Dios por encima de los placeres mundanos fugaces. El verdadero gozo y satisfacción provienen de vivir en armonía con Dios y Sus propósitos, no de entregarse a actividades egoístas que nos alejan de Él.

Por lo tanto, el llamado de Santiago al arrepentimiento y la devoción resuelta a Dios anima a los creyentes a encontrar gozo y paz duraderos en una relación renovada con Él, caracterizada por una búsqueda genuina de la justicia y un corazón y una mente transformados.

4:10 Humillaos delante de Jehová, y él os exaltará.

Santiago concluye su consejo directo en los versículos 7-10 reiterando el tema central de la humildad ante Dios. Insta a sus lectores a humillarse en la presencia de Dios dando prioridad a Su voluntad sobre sus deseos. Este acto de humildad trae bendiciones inmediatas y prepara el escenario para la obra continua de Dios y su eventual exaltación.

El principio de que Dios exalta a los humildes es un tema recurrente a lo largo de las Escrituras. Jesús mismo enseñó que aquellos que se humillan serán ensalzados (Mateo 18:4; 23:12; Lucas 14:11; 18:14), y Pedro se hizo eco de esta enseñanza en su carta (1 Pedro 5:6). La humildad, en este contexto, implica reconocer la dependencia de Dios, someterse a Su autoridad y alinear la vida con Sus propósitos.

El viaje de Ralph Bell ilustra el poder transformador de la humildad y la gracia de Dios. Al enfrentarse a la discriminación y los insultos raciales, Bell luchó profundamente. Sin embargo, volvió a su fe y buscó el consejo de su madre, quien lo animó a fijar sus ojos en Jesús. Al humillarse ante Dios, Bell encontró la fuerza y la gracia para perdonar a quienes lo maltrataban y superar los sentimientos de odio.

La experiencia de Bell ejemplifica la enseñanza de James en términos prácticos. Bell encontró paz interior y sanación humillándose y confiando en la gracia de Dios. También adquirió la capacidad de amar a sus enemigos, un acto sobrenatural hecho posible gracias a la obra transformadora de Dios en su corazón.

El llamado de Santiago a la humildad es confiar en la sabiduría y soberanía de Dios, sabiendo que Él recompensa a quienes lo buscan con un corazón sincero y humilde. A través de la humildad, los creyentes encuentran fuerza, gracia y la capacidad de vivir el amor y los propósitos de Dios en un mundo quebrantado.

4:11 Hermanos, no habléis mal unos de otros. El que habla contra un hermano o juzga a su hermano, habla mal contra la ley y juzga la ley. Pero si juzgas la ley, no eres hacedor de la ley, sino juez.

James aborda otro aspecto crítico del conflicto interpersonal y el comportamiento ético entre los creyentes y todas las personas. Destaca el peligro de criticar a los demás, destacando cómo tal comportamiento no sólo refleja egoísmo sino que también coloca al crítico en una posición de juicio sobre los demás, contrario a la ley de Dios.

En Santiago 4:11, el término "hablar mal" o "hablar en contra" (gr. katalaleo) se refiere a hablar despectivamente o difamar a otra persona, especialmente a otro cristiano. Al criticar, una persona afirma implícitamente su propia superioridad o corrección sobre la persona que critica, asumiendo efectivamente el papel de juez. Este acto contradice el mandamiento de Dios de no juzgar a otros (cf. Levítico 19:15-18; Mateo 7:1).

James conecta este comportamiento con un principio ético más amplio basado en la ley de Dios. Cuando los individuos critican a otros, violan los principios de respeto mutuo y humildad y socavan la autoridad de Dios, quien es el único que tiene derecho a juzgar. En lugar de exaltarse a uno mismo, Santiago aboga por la sumisión mutua y el respeto entre los creyentes (por ejemplo, Gálatas 5:13; Efesios 5:21; Filipenses 2:3), lo que fomenta la unidad y refleja la humildad cristiana.

Las implicaciones de la enseñanza de Santiago se extienden más allá de las relaciones interpersonales dentro de la comunidad eclesial ("unos con otros") para abarcar todas las interacciones humanas ("tu prójimo", v. 12). Su amonestación resalta la importancia de respetar la autoridad de Dios en nuestra conducta hacia los demás, preservando así la armonía y defendiendo los principios de justicia arraigados en la ley de Dios.

En la sociedad contemporánea, donde prevalecen las actitudes críticas y críticas, el mensaje de James sigue siendo relevante. Llama a las personas a examinar sus motivaciones y acciones, instándolas a alinearse con los estándares de Dios de amor, humildad y respeto por los demás, que en última instancia reflejan reverencia por la autoridad de Dios y promueven relaciones sociales saludables.

4:12 Sólo hay un legislador y juez que puede salvar y destruir. ¿Pero quién eres tú para juzgar a tu prójimo?

Santiago enfatiza la importancia de abstenerse de criticar a los demás, destacando que la autoridad suprema para juzgar pertenece exclusivamente a Dios, el único Legislador y Juez. Si bien los gobiernos humanos, los líderes de la iglesia y los padres pueden haber delegado autoridad para juzgar ciertas acciones o comportamientos dentro de sus respectivos dominios, Santiago advierte contra la usurpación de la autoridad divina al emitir juicios condenatorios sobre otros.

En Santiago 4:11-12, destaca que criticar o hablar en contra de otros creyentes sin la autorización divina es inapropiado y contraproducente. James aboga por la humildad y el respeto mutuo en lugar de asumir el papel de juez sobre los demás. Los cristianos, guiados por el Espíritu, deben buscar restaurar y sostener a quienes tropiezan, siguiendo el principio del amor y la reconciliación (Gálatas 6:1).

La crítica a los demás es una inclinación humana común. Aún así, Santiago recuerda a los creyentes su responsabilidad ante Dios, quien es el único que tiene el derecho supremo de juzgar. Esta perspectiva se alinea con enseñanzas en otras partes de las Escrituras (Romanos 14:1-13), enfatizando la responsabilidad mutua y la humildad ante Dios. Hacer referencia a Dios como el Juez supremo en las enseñanzas de Santiago nos recuerda que nuestras acciones hacia los demás deben reflejar respeto por su dignidad y nuestra necesidad de gracia.

El mensaje de advertencia de Santiago no excluye la crítica constructiva o la corrección con un espíritu de amor y restauración. Más bien, advierte contra la arrogancia de emitir un juicio final sobre los demás, que pertenece únicamente a Dios. En última instancia, el principio no es condenar sino buscar la reconciliación y el crecimiento dentro de la comunidad de creyentes, reconociendo que todos estamos en igualdad de condiciones ante el tribunal de Dios (Mateo 7:2). Por lo tanto, Santiago fomenta un espíritu de humildad y gracia en nuestras interacciones, reflejando el amor y la misericordia de nuestro Padre celestial.

Alardeando del mañana

Santiago continúa su epístola abordando un problema práctico arraigado en el egocentrismo y ampliando sus implicaciones para la vida diaria. Habiendo identificado ya el egocentrismo como fuente de conflictos interpersonales e internos y advertido contra el juicio inapropiado de los demás, James ahora ilustra la naturaleza de una vida egocéntrica. Su intención es ayudar a sus lectores a reconocer claramente la raíz subyacente de este problema.

En Santiago 4:13-17, comienza con un ejemplo de planificación y ambición jactanciosas, condenando la arrogancia inherente a declaraciones tan seguras de sí mismas (v. 13-14). Luego, Santiago brinda orientación práctica sobre cómo abordar la planificación y la ambición de una manera que se alinee con la voluntad de Dios (vv. 15-17).

Esta sección de la epístola de Santiago sirve no sólo para abordar comportamientos específicos como jactarse de planes futuros , sino también para resaltar un principio más amplio: vivir con conciencia de la soberanía de Dios y someter los propios planes a Su guía. James fomenta la humildad y la dependencia de Dios en todos los aspectos de la vida al resaltar la locura de presumir sobre el futuro sin considerar la voluntad de Dios.

Por lo tanto, James pasa de abordar los conflictos que surgen de actitudes egocéntricas a brindar sabiduría práctica para abordar las incertidumbres de la vida con un humilde reconocimiento de la autoridad y guía de Dios. Este cambio resalta la preocupación pastoral de Santiago por equipar a sus lectores con sabiduría práctica arraigada en la fe y la humildad, dirigiendo en última instancia su enfoque hacia una vida que honre a Dios en lugar de a uno mismo.

4:13 Venid ahora, los que decís: "Hoy o mañana iremos a tal ciudad y pasaremos allí un año y comerciaremos y obtendremos ganancias".

Santiago, al igual que los profetas del Antiguo Testamento, adopta un tono de confrontación cuando se dirige a su audiencia. Comienza convocándolos con la frase "Venid ahora", un recurso retórico que recuerda las llamadas de atención de los profetas (cf. Isaías 1:18 y otros textos proféticos). En Santiago 4:13-17, pinta un cuadro vívido, probablemente inspirado en el contexto cultural de su tiempo, para ilustrar un escenario que involucra a un comerciante judío ambulante, una figura emblemática de la prosperidad de la clase media en la antigua sociedad judía.

Durante la era de James, prevalecían los comerciantes judíos, y es posible que algunos entre su audiencia fueran judíos cristianos involucrados en tales actividades comerciales. Los planes del individuo en la ilustración de James, que involucran empresas comerciales y viajes futuros, no son inherentemente pecaminosos ni son condenados abiertamente por James. En cambio, James critica la actitud subyacente de seguridad en uno mismo y presunción que a menudo acompaña a dicha planificación.

La crítica de James no ataca el acto de planificación en sí. Aún así, desafía los motivos subyacentes y la mentalidad que pueden acompañar a tales esfuerzos con visión de futuro. La confianza jactanciosa del comerciante en el éxito futuro de sus negocios y su presunción acerca de la certeza de lograr sus planes sin reconocer la soberanía de Dios son los puntos centrales de la amonestación de Santiago.

Santiago usa esta ilustración no para denunciar la planificación o la ambición empresarial, sino para advertir contra la arrogancia de la autosuficiencia y el descuido del papel providencial de Dios en la vida de uno. Su intención es fomentar la humildad y reconocer adecuadamente la soberanía de Dios en todos los aspectos de la vida, incluidos los planes y ambiciones futuras . Por lo tanto, Santiago emplea esta narrativa para resaltar la necesidad de un enfoque equilibrado que incluya la confianza en la guía de Dios y la sumisión a Su voluntad en todos los esfuerzos.

4:14 **pero no sabéis lo que traerá el mañana. ¿Qué es tu vida? Porque eres una niebla que aparece brevemente y luego se desvanece.**

James destaca un descuido crítico en el enfoque del comerciante: su incapacidad para considerar la imprevisibilidad de la vida y su completa dependencia de la providencia de Dios. Este tema resuena con las enseñanzas de Jesús, como en Lucas 12:18-20, donde los planes de un hombre rico se ven frustrados por su muerte repentina y su abandono de las prioridades eternas. De manera similar, Juan 15:5 enfatiza la necesidad de los creyentes de permanecer en Cristo, reconociendo su dependencia de Él en todos los aspectos de la vida.

Reflexionar sobre la certeza del regreso de Cristo, como se enseña en las Escrituras, proporciona un cambio de perspectiva significativo. La anticipación de la segunda venida de Cristo debería influir profundamente en cómo viven los cristianos en el presente. Sirve como recordatorio para priorizar los valores eternos sobre los logros temporales y para alinear los planes y ambiciones de uno con la voluntad de Dios.

La pregunta planteada: ¿en qué medida el conocimiento del inminente regreso de Cristo moldea la vida de uno? es crucial. Desafía a los creyentes a trascender la perspectiva limitada de las circunstancias actuales y las experiencias pasadas. En cambio, los cristianos están llamados a estar motivados por la certeza del regreso de Cristo, fomentando un estilo de vida caracterizado por la fidelidad, la preparación y una confianza profundamente arraigada en el plan soberano de Dios.

La ilustración del mercader que ofrece Santiago destaca la necesidad de una perspectiva espiritual que incorpore humildad, dependencia de Dios y una perspectiva de futuro moldeada por la verdad del inminente regreso de Cristo. Esta perspectiva protege contra la autosuficiencia y la arrogancia y fomenta una vida que honra a Dios en todos los aspectos, incluidos los planes y aspiraciones de uno.

4:15 **Más bien debéis decir: "Si el Señor quiere, viviremos y haremos esto o aquello".**

El comerciante en la ilustración de Santiago debería haber abordado su planificación con una dependencia consciente de Dios, reconociendo Su control soberano sobre todos los aspectos de la vida. Este principio se repite en todo el Nuevo Testamento, donde varios pasajes resaltan la importancia de alinear los planes de uno con la voluntad de Dios.

La frase latina "deo volente", que significa "si Dios quiere" y a menudo abreviada como DV, refleja este principio bíblico y sigue siendo utilizada por algunos cristianos en la actualidad. Sirve como recordatorio de la necesidad de someter todos los planes futuros a la soberanía de Dios. Si bien el Nuevo Testamento no exige la repetición mecánica de "si el Señor quiere" con cada declaración de planes futuros , el apóstol Pablo ejemplifica el espíritu detrás de esta frase en su vida y ministerio.

Por ejemplo, Pablo declara explícitamente su intención de regresar a Jerusalén "si el Señor quiere" en Hechos 18:21 y 1 Corintios 4:19. En estos casos, reconoce deliberadamente la soberanía de Dios sobre sus esfuerzos futuros. Incluso en pasajes donde Pablo no usa explícitamente esta frase, como Hechos 19:21, Romanos 15:28 o 1 Corintios 16:5, 8, su práctica general revela un compromiso constante de alinear sus planes con la voluntad de Dios.

Por lo tanto, "deo volente" sirve no simplemente como una convención lingüística sino como una disciplina espiritual, recordando a los creyentes que deben abordar los planes de la vida con humildad, buscando la guía de Dios y sometiéndose a su propósito soberano. Esta mentalidad garantiza que nuestras aspiraciones y acciones se basen en una confianza llena de fe en la sabiduría y la providencia de Dios, en lugar de la presunción o la autosuficiencia humanas.

4:16 **Sin embargo, os jactáis de vuestra arrogancia. Toda esa jactancia es mala.**

Santiago reprendió severamente a aquellos de sus lectores que adoptaban una actitud que descuidaba a Dios, en particular aquellos que obtenían gozo de la ilusión de controlar su destino. Pintó un cuadro vívido de personas que se jactan de su arrogancia y se atribuyen el mérito de logros que, en última instancia, surgen de la providencia y la gracia de Dios. Tal jactancia, argumentó James, no sólo es poco realista sino también profundamente problemática: refleja una actitud que coloca los logros humanos por encima de la soberanía de Dios, categorizándolos así como "malos".

En estos versículos, Santiago presentó hábilmente cuatro argumentos convincentes para ilustrar la locura de ignorar la voluntad de Dios:

Complejidad de la vida : Santiago destacó la naturaleza intrincada e interconectada de la vida (v. 13). Las complejidades de la existencia humana, entrelazadas con propósitos e intervenciones divinas, desafían las nociones simplistas de autosuficiencia.

Incertidumbre de la vida : Subrayó la imprevisibilidad de los resultados de la vida (v. 14a). A pesar de una planificación meticulosa y un control aparente, las circunstancias pueden cambiar rápidamente, revelando las limitaciones de la previsión y el control humanos.

La brevedad de la vida : Santiago enfatizó la naturaleza fugaz de la existencia humana (v. 14b). La brevedad de la vida es un claro recordatorio de nuestra naturaleza temporal y de la necesidad de una perspectiva que reconozca los planes y propósitos eternos de Dios.

Fragilidad del hombre : Finalmente, Santiago señaló la fragilidad inherente de la humanidad (v. 16). Los seres humanos están sujetos a debilidades, vulnerabilidades y mortalidad, lo que subraya nuestra continua dependencia de la gracia y la providencia sustentadoras de Dios.

A través de estos argumentos, Santiago desafió a sus lectores a confrontar la ilusión de la autosuficiencia y a reconocer la sabiduría de reconocer humildemente el papel soberano de Dios en sus vidas. Al exaltar los logros humanos por encima de la providencia divina, James afirmó que los individuos no sólo se engañan a sí mismos sino que también deshonran el lugar que le corresponde a Dios como fuente última de todas las bendiciones y resultados. Así, instó a su audiencia a abrazar la humildad y la dependencia de Dios, reconociendo Su supremacía y buscando Su voluntad en todos los aspectos de la vida.

4:17 **De modo que cualquiera que sabe hacer lo correcto y no lo hace, es pecado para él.**

Santiago describe vívidamente un escenario en el que una persona comete un "pecado" de omisión al saber lo que es correcto hacer (reconocer la dependencia del Señor) pero no actuar en consecuencia (cf. Lucas 16:19-31). Este pecado de omisión, según Santiago, no es simplemente descuidar cualquier acción, sino específicamente no reconocer y honrar el lugar soberano de Dios en la vida de uno (v. 15). La persona representada en la ilustración de Santiago muestra independencia y autosuficiencia, sin tener en cuenta la verdad inherente de que Dios es supremo sobre todas las cosas, una verdad que incluso el orden natural de la creación atestigua (cf. Juan 9:41; Romanos 1:19). -20).

Mientras James concluye su discusión sobre los conflictos y la postura espiritual necesaria para afrontarlos, exhorta a sus lectores a traducir su conocimiento en acción. Advierte contra la presunción y la confianza en uno mismo, instando en cambio a una humilde sumisión a Dios. En opinión de James, no reconocer la soberanía de Dios y no actuar según esta verdad constituye pecado.

La declaración final de Santiago en el versículo 17, a menudo formulada como una máxima proverbial, resume la esencia de toda su epístola. Enfatiza que la responsabilidad de alinearse con la voluntad de Dios no se trata sólo de evitar errores obvios sino también de hacer activamente lo correcto. Este versículo sirve como un conmovedor recordatorio de que los pecados de omisión, cuando uno no vive su fe y no reconoce el señorío de Dios, son tan significativos y graves como los pecados de comisión.

Santiago obliga a sus lectores a vivir con una aguda conciencia de la autoridad de Dios y a demostrar esta comprensión mediante la acción obediente. Por lo tanto, la amonestación del versículo 17 resuena como un principio universal aplicable a todos los aspectos de la vida cristiana, como se expone a lo largo de su epístola.

Resumen del Capítulo 4

El capítulo 4 del Libro de Santiago aborda los temas y desafíos clave de los primeros cristianos, brindando orientación práctica sobre cómo vivir fielmente a la luz de la soberanía de Dios y las realidades de los conflictos humanos.

Resumen de Santiago Capítulo 4:

Causas del conflicto (versículos 1-3): Santiago comienza identificando la causa fundamental de los conflictos y disputas entre los creyentes: los deseos egoístas. Atribuye estos conflictos a pasiones y placeres desenfrenados que llevan a las personas a codiciar y luchar por lo que no tienen. Él enfatiza que estos deseos a menudo quedan insatisfechos porque las personas piden con motivos equivocados, buscando gratificar sus propios placeres en lugar de buscar la voluntad de Dios.

Amistad con el mundo (versículos 4-6): Santiago advierte contra la amistad con el mundo, que él caracteriza como enemistad con Dios. Destaca la gravedad de alinearse con los valores y deseos mundanos, lo que contradice la devoción y lealtad que Dios espera de sus seguidores. Santiago cita las Escrituras para enfatizar el celo de Dios por el espíritu que ha puesto dentro de los creyentes, instándolos a resistir el atractivo de los placeres mundanos y, en cambio, acercarse a Dios con humildad y arrepentimiento.

Humildad y sumisión (versículos 7-10): Santiago insta a sus lectores a someterse a Dios y resistir al diablo. Utiliza imperativos fuertes, comparando la vida cristiana con una batalla espiritual donde los creyentes deben oponerse activamente al mal y acercarse a Dios. Santiago promete que aquellos que se humillen ante Dios recibirán su gracia y exaltación, contrastando esto con el destino de los orgullosos.

Evitar juzgar a los demás (versículos 11-12): Santiago advierte contra hablar mal o juzgarse unos a otros. Enfatiza que tal comportamiento usurpa el papel de Dios como Juez y Legislador supremo. En cambio, fomenta el respeto mutuo y la sumisión entre los creyentes, haciéndose eco de las enseñanzas de Jesús sobre no juzgar a los demás con dureza, sino mostrar misericordia y gracia.

Advertencia contra la jactancia y la autosuficiencia (versículos 13-17): Santiago critica a quienes se jactan de sus planes y logros sin reconocer la soberanía de Dios sobre sus vidas. Ilustra la locura de presumir sobre el futuro sin reconocer las incertidumbres de la vida y el control último de Dios. James pide una mentalidad que incluya la dependencia de la voluntad de Dios, usando la frase latina "deo volente" (si Dios quiere) para resaltar la importancia de reconocer la autoridad de Dios en todos los planes y acciones.

El capítulo concluye con una declaración conmovedora en el versículo 17: "De modo que cualquiera que sabe hacer lo correcto y no lo hace, le es pecado". Esto resume el tema general de Santiago sobre la fe práctica: conocer la voluntad de

Dios y obedecerla activamente. El capítulo sirve como un llamado a la humildad genuina, la sumisión a Dios, la evitación de los atractivos mundanos y una vida fiel que reconozca la soberanía de Dios en todos los aspectos de la vida.

El capítulo 4 de Santiago aborda los desafíos espirituales de los conflictos, el orgullo y las actitudes mundanas, instando a los creyentes a someterse a la voluntad de Dios, resistir las tentaciones del mundo y tratar a los demás con respeto y amor. Enfatiza la necesidad de una fe que no sea meramente teórica sino que moldee activamente la conducta y las relaciones de uno.

Capítulo 4 Oración

Dios misericordioso,

Venimos ante Ti humildemente, reconociendo nuestra dependencia de Tu sabiduría y gracia. Tu Palabra nos ha mostrado los peligros de los deseos mundanos y la importancia de someternos plenamente a Tu voluntad. Perdónanos, Señor, por las veces que hemos perseguido nuestros propios placeres y ambiciones, descuidando Tu guía y tus mandamientos.

Ayúdanos a resistir las tentaciones de este mundo que nos desvían. Fortalece nuestra determinación de acercarnos a Ti, sabiendo que a medida que nos humillamos, Tú nos levantarás con el tiempo. Que siempre busquemos Tu reino y alineemos nuestros deseos con Tu voluntad.

Guarda nuestros corazones, oh Señor, del orgullo y de las actitudes críticas. Enséñanos a tratar a los demás con amor y respeto, evitando chismes y críticas. Deja que nuestras palabras y acciones reflejen Tu gracia y misericordia, sabiendo que sólo Tú eres el Juez justo.

Concédenos la sabiduría para reconocer la brevedad y la incertidumbre de la vida y la humildad para confiar en Tu control soberano sobre todas las cosas. Que vivamos cada día con conciencia de Tu presencia y con el compromiso de seguir Tu guía.

Mientras planificamos para el futuro, siempre podemos decir: "Si es tu voluntad, viviremos y haremos esto o aquello" (Santiago 4:15). Guíanos en nuestras decisiones, para que traigan gloria a Tu nombre y promuevan Tu reino en la tierra.

En el nombre de Jesús, oramos,

Amén.

Capítulo 4 Preguntas

¿Qué causa los conflictos y las riñas entre las personas, según Santiago 4?

¿Cómo describe Santiago a los que son amigos del mundo?

Según Santiago, ¿qué da Dios a los humildes?

¿Qué quiere decir Santiago con "purificar vuestros corazones"?

¿Contra qué advierte Santiago en el versículo 11 respecto a hablar en contra de los demás?

¿Cómo ilustra Santiago la locura de jactarse de planes futuros sin reconocer la soberanía de Dios?

¿Qué dice Santiago sobre el pecado de omisión en el capítulo 4?

¿Cómo concluye Santiago su argumento acerca de someterse a Dios?

¿Qué declaración proverbial usa Santiago para concluir el capítulo 4?

¿Cómo describe Santiago la actitud adecuada que los cristianos deben tener hacia la voluntad de Dios?

¿Qué insta Santiago a hacer a sus lectores en lugar de juzgarse unos a otros?

Según Santiago, ¿por qué se considera malo jactarse de planes futuros sin reconocer la soberanía de Dios?

¿Qué papel juega la humildad en las enseñanzas de Santiago en el capítulo 4?

¿Cómo describe James las consecuencias de la amistad con el mundo?

¿Qué enseña Santiago sobre la importancia de someterse a la voluntad de Dios?

¿Por qué Santiago enfatiza la brevedad y la incertidumbre de la vida?

¿Cómo ilustra Santiago la relación entre la humildad y recibir la gracia?

¿Qué quiere decir Santiago con "purificar vuestros corazones"?

¿Cómo utiliza Santiago las referencias del Antiguo Testamento para respaldar sus enseñanzas sobre la humildad y la sumisión a Dios?

¿Qué consejo práctico da Santiago para vivir según la voluntad de Dios en el capítulo 4?

Santiago Capítulo 5:1-20

Advertencia a los ricos

Santiago aborda un tema crucial relacionado con la riqueza en su epístola, enfatizando sus peligros y consecuencias potenciales al tiempo que insta a tomar medidas apropiadas. Este tema está entretejido a lo largo de su carta, con múltiples referencias a los ricos y los pobres (1:9-11; 2:1-12). Los capítulos 4 y 5 resaltan su preocupación, particularmente en los pasajes que se dirigen a los ricos (4:13-17; 5:1-6).

El estilo equilibrado de escritura de Santiago es evidente cuando comienza y termina sus exhortaciones (2:1-5:6) con discusiones sobre la riqueza. Esta estructura refleja un patrón quiástico, una técnica literaria donde las ideas se reflejan alrededor de un punto central. Ronald Blue destaca tres aspectos principales con respecto a la riqueza en esta sección: consternación (v. 1), corrosión (vv. 2-3) y condenación (vv. 4-6). Estos elementos resaltan colectivamente el enfoque cauteloso de James sobre la influencia y los peligros asociados con la riqueza material.

5:1 Venid ahora, ricos, llorad y aullad por las miserias que os sobrevendrán.

Santiago, parecido a un profeta, confronta a sus lectores con una dura advertencia ("Venid ahora"; cf. 4:13). Si bien la riqueza generalmente trae felicidad, James desafía a los ricos a "llorar y aullar" de angustia, y detalla las razones en este capítulo. Es importante destacar que la Biblia no condena la riqueza (cf. 1 Tim. 6:10), pero advierte constantemente sobre las tentaciones que acompañan a la abundancia financiera. Estas tentaciones incluyen una falsa sensación de seguridad, un deseo de controlar a los demás y orgullo personal. Santiago advierte contra el regocijo excesivo por la riqueza, ya que la desgracia material puede surgir inesperadamente (cf. 1:10-11).

El pasaje aborda no sólo a los ricos sino específicamente a los peligros que enfrentan los ricos como clase, abarcando tanto a creyentes como a incrédulos. Si bien Santiago escribe principalmente a los creyentes, sus palabras resuenan universalmente y se aplican igualmente a los incrédulos. Su preocupación se extiende más allá del mero éxito mundano hasta los peligros espirituales que plantea la riqueza, distinguiendo su mensaje de pasajes anteriores que critican la ambición mundana (cf. 4:13).

5:2 Vuestras riquezas se han podrido, y vuestros vestidos están apolillados.

El concepto de "riquezas que se pudren" probablemente se refiere a bienes perecederos como alimentos y bebidas. En los tiempos bíblicos, las prendas de vestir también se consideraban bienes valiosos, a menudo se usaban para el comercio, se apreciaban como reliquias familiares y se entregaban como obsequios prestigiosos (cf. Mateo 6:19). Incluso hoy en día, la gente invierte cantidades sustanciales en artículos perecederos como alimentos, bebidas y ropa, a pesar de su naturaleza fugaz.

Esta perspectiva resalta una verdad eterna sobre la riqueza material. Si bien estas posesiones pueden brindar comodidad y estatus temporal, en última instancia se deterioran o pierden valor con el tiempo. Se hace eco de las enseñanzas de Jesús en Mateo 6:19, enfatizando la importancia de priorizar los tesoros eternos sobre las posesiones terrenales susceptibles de deterioro y pérdida.

5:3 Vuestro oro y vuestra plata se han corroído; su corrosión será evidencia contra vosotros y devorará vuestra carne como fuego. Habéis acumulado tesoros en los últimos días.

La mención del "oro" y la "plata" en las enseñanzas de James resalta su vulnerabilidad a la corrosión y al deslustre. Esta corrosión disminuye su valor material y simboliza una decadencia espiritual más profunda causada por el acaparamiento de riquezas. James advierte que este proceso destructivo que afecta a los metales preciosos es paralelo a los efectos nocivos sobre las personas que acumulan riquezas excesivamente. Sirve como testimonio de su administración infiel de la riqueza, en marcado contraste con el principio cristiano de utilizar los recursos en lugar de simplemente acumularlos.

Para los cristianos, acumular riquezas es particularmente grave, sobre todo teniendo en cuenta la creencia de vivir en los últimos días antes del regreso del Señor (cf. Lucas 12, 20-21). Santiago aboga por el uso de recursos financieros para la obra de Dios en lugar de entregarse a estilos de vida egocéntricos y ociosos (cf. Mateo 6:19-24). Esta perspectiva se alinea con la enseñanza bíblica de que todo pertenece a Dios y que los creyentes son mayordomos a quienes se les ha confiado la administración inteligente de Sus recursos (cf. 1 Corintios 4:2).

Si bien la Biblia no desalienta el ahorro o la inversión, condena enérgicamente el acaparamiento: acumular riqueza para obtener prestigio o autogratificación en lugar de una seguridad genuina o una mayordomía responsable. Determinar la línea entre el ahorro prudente y el acaparamiento pecaminoso es una cuestión del corazón, que refleja la actitud de uno hacia la generosidad y la confianza en la provisión de Dios. En última instancia, Santiago fomenta una mentalidad en la que los recursos financieros se utilizan con propósito para hacer avanzar el reino de Dios, reconociendo que el verdadero tesoro reside en las inversiones celestiales y no en la acumulación terrenal.

5:4 He aquí, el salario de los trabajadores que segaron vuestras tierras, que vosotros con fraude retuvisteis, claman contra vosotros, y los clamores de los segadores han llegado a oídos de Jehová de los ejércitos.

Evidentemente, algunos miembros de la audiencia de Santiago se estaban enriqueciendo injustamente al retener salarios justos a sus trabajadores, una grave ofensa condenada en Deuteronomio 24:15. Los gritos de justicia de estos trabajadores oprimidos habían llegado a los oídos de Dios, incluso cuando sus empleadores permanecieron indiferentes (cf. Génesis 4:5; 18:20-21).

El título "Señor de los ejércitos" (Señor Todopoderoso; cf. Isaías 5:9; Romanos 9:29) enfatiza la omnipotencia soberana de Dios. A pesar de la aparente falta de defensores terrenales de los oprimidos, estos encuentran su ayuda definitiva en el Dios Todopoderoso del cielo. Este título resalta el papel de Dios como defensor de los oprimidos. Garantiza que prevalezca la justicia, incluso cuando los sistemas humanos fallan o explotan a los vulnerables. Les asegura a quienes enfrentan injusticia que no están solos en su lucha, porque el Señor de los ejércitos está con ellos, listo para lograr justicia y rectitud en Su tiempo perfecto.

5:5 Habéis vivido en la tierra en lujos y en desenfreno. Habéis engordado vuestros corazones en el día de la matanza.

El estilo de vida que a menudo se asocia con los ricos (lujo y autocomplacencia) es criticado en las normas culturales y las enseñanzas de las Escrituras. Si bien la sociedad puede tolerar la extravagancia, las Escrituras la condenan consistentemente. Vivir únicamente "por placer" implica una búsqueda de la indulgencia y el exceso, contra lo que James advierte como una forma de materialismo codicioso.

James utiliza imágenes vívidas para ilustrar las consecuencias de esos estilos de vida. Metafóricamente describe a los ricos como figurativamente "engordando sus corazones", entregándose a un consumo excesivo que no sólo satisface sus deseos físicos sino que también los ciega ante su vulnerabilidad espiritual. Esta búsqueda egocéntrica del placer, ya sea en términos físicos o materialistas, conduce en última instancia a un día del juicio, que recuerda a los animales sacrificados preparados para el matadero.

Siguiendo la tradición de los profetas del Antiguo Testamento, Santiago denuncia severamente este estilo de vida lujoso y descuidado, advirtiendo sobre sus consecuencias inminentes. Para los creyentes, esta advertencia es un desafío para reevaluar los hábitos de gasto personal, enfatizando la importancia de evaluar periódicamente los gastos. Un método práctico sugerido es comparar las donaciones caritativas (deducciones) con los ingresos, utilizando los registros del impuesto sobre la renta como una medida tangible de generosidad versus acumulación personal. Esta reflexión ayuda a alinear las decisiones financieras con los principios bíblicos de mayordomía y generosidad, fomentando una mentalidad que prioriza los valores eternos sobre los placeres materiales fugaces.

5:6 Habéis condenado y matado al justo. Él no te resiste.

James aborda vívidamente la opresión ejercida por los ricos, quienes a veces llegan tan lejos como metafóricamente "dar muerte" a quienes se resisten a sus prácticas injustas, incluso si estos individuos lo hacen de manera justa y no violenta. Este lenguaje hiperbólico resalta las graves consecuencias que enfrentan quienes se interponen en el camino de la búsqueda de seguridad financiera por parte de los ricos. A lo largo de la historia, los cristianos a menudo han enfrentado persecución por parte de quienes salvaguardaban o promovían sus intereses económicos, como se ve en relatos como los de Hechos (8:18-24; 19:23-28).

Para los jornaleros, el cobro oportuno de los salarios es una cuestión de vida o muerte. James describe los salarios como un elemento vital esencial, simbolizando las terribles consecuencias cuando los ricos retienen injustamente estas ganancias. Esta descripción se extiende a los campesinos y trabajadores cuyo trabajo sostiene a otros pero a menudo los deja vulnerables a la explotación y el empobrecimiento. Por lo tanto, la acusación de Santiago de que los ricos condenan e incluso matan metafóricamente a los justos (5:6) tiene un peso ético y moral significativo.

Las severas advertencias de Santiago revelan su preocupación de que sus lectores estuvieran incumpliendo sus responsabilidades, particularmente en el manejo de la riqueza. Desafía la búsqueda excesiva de riqueza y ganancias materiales, una tentación que prevalece en la cultura moderna. Si bien es necesario para fines prácticos, el dinero puede fácilmente convertirse en una trampa, que genera ansiedad, inseguridad y peligro espiritual si se usa mal o se idolatra.

Con respecto a la audiencia de James, ya sean cristianos ricos o incrédulos, él critica principalmente a aquellos dentro de la comunidad cristiana que pueden estar haciendo mal uso de su riqueza u oprimiendo a otros. Su mensaje despierta a los creyentes sobre los peligros de la riqueza y la importancia de alinear las prácticas financieras con los principios de mayordomía, generosidad y rectitud de Dios.

En contraste con la visión que tiene el mundo de las riquezas como fuente de libertad, seguridad, poder y felicidad, James enfatiza que la verdadera realización y seguridad provienen de confiar en Dios en lugar de acumular riquezas terrenales. Sus enseñanzas fomentan un cambio radical de perspectiva, donde el dinero no se ve como un fin sino como una herramienta para vivir con rectitud y hacer avanzar el reino de Dios. Por lo tanto, los creyentes están llamados a administrar sus recursos sabiamente, reconociendo que el verdadero valor y la seguridad provienen de una relación con Dios, no de las posesiones materiales.

Paciencia en el sufrimiento

De hecho, James condena la actitud de los ricos que priorizan la adquisición de riqueza por cualquier medio posible y lo más rápido posible. Esta mentalidad, centrada únicamente en la acumulación sin tener en cuenta las consideraciones éticas o el bienestar de los demás, contrasta marcadamente con el consejo que Santiago ofrece en el pasaje siguiente. Aquí, Santiago aconseja a los ricos y a los de medios modestos que cultiven la paciencia.

El llamado a la paciencia refleja la preocupación más amplia de Santiago por la forma en que los creyentes abordan la vida y la riqueza. En este contexto, la paciencia implica confiar en el tiempo y la providencia de Dios en lugar de recurrir a métodos convenientes o poco éticos para lograr ganancias financieras. Fomenta la fidelidad y la integridad duraderas en todos los aspectos de la vida, incluidas las relaciones económicas.

Para James, la paciencia no se trata simplemente de esperar pasivamente sino de confiar activamente en la sabiduría y la provisión de Dios mientras se viven fielmente los principios de justicia y compasión. Esta actitud contradice la búsqueda egocéntrica de riqueza condenada anteriormente y se alinea con una perspectiva espiritual más profunda que valora la rectitud y la conducta ética por encima de la ganancia material inmediata.

Por lo tanto, la exhortación de Santiago a practicar la paciencia sirve como una brújula moral, alejando a los creyentes de los peligros de la codicia y la explotación hacia una vida marcada por la integridad, la confianza en Dios y la preocupación por el bienestar de los demás.

5:7 Por tanto, hermanos, tened paciencia hasta la venida del Señor. Vean cómo el agricultor espera pacientemente los preciosos frutos de la tierra hasta que reciba las lluvias tempranas y tardías.

Santiago anima a los creyentes a ser pacientes en respuesta a los peligros descritos. El verbo " makrothymesate " (tener paciencia) transmite un sentido de autocontrol, absteniéndose de tomar represalias apresuradas por los agravios sufridos. Esta paciencia se basa en la inminente "venida" del Señor (v. 8), un término (" parousias ") comúnmente usado para describir la visita real de un rey. En la teología cristiana, se refiere al esperado regreso de Cristo (cf. Marcos 13:32-37; Fil. 4:5; 1 Pedro 4:7; 1 Juan 2:18).

La metáfora de las lluvias tempranas y tardías en las enseñanzas de Santiago resuena con el contexto agrícola de su audiencia, probablemente en Judea. Las primeras lluvias normalmente caían a finales de octubre y principios de noviembre, lo que es crucial para la siembra, mientras que las lluvias tardías, a finales de marzo y principios de abril, fueron vitales para la maduración de los cultivos. Estas imágenes agrícolas resaltan la familiaridad de James con las prácticas agrícolas de Judea. Ilustra un principio espiritual: los creyentes son similares a los agricultores que siembran y cultivan diligentemente sus cultivos (esfuerzos espirituales) con pacientes expectativas de una cosecha futura.

Para James, esta analogía resalta la importancia de la perseverancia y la confianza en los tiempos de Dios. Así como un agricultor no puede apresurar el proceso de crecimiento sino que debe esperar pacientemente las lluvias y la cosecha final, los creyentes también deben soportar con paciencia las pruebas y dificultades, confiar en la providencia de Dios y esperar el cumplimiento de Sus promesas. Esta resistencia paciente contrasta marcadamente con la búsqueda impulsiva de riqueza o represalias contra las injusticias, enfatizando un enfoque de vida centrado en la fe marcado por la firmeza y la confianza en la guía de Dios.

5:8 Vosotros también sed pacientes. Establezcan vuestros corazones, porque la venida del Señor está cerca.

Cuando el Señor regrese, los creyentes recibirán su recompensa en el tribunal de Cristo. Mientras tanto, Santiago exhorta a sus lectores a "ser pacientes; fortalecer vuestro corazón", enfatizando la seguridad de que les espera la recompensa, como prometió Dios (cf. Mateo 6:20). Esta paciencia y resistencia contrasta marcadamente con la mentalidad de los ricos que, consumidos por las actividades mundanas, priorizan acumular la mayor riqueza posible en el presente.

La esperanza de recompensas futuras es una poderosa motivación para que los creyentes perseveren a través de pruebas y dificultades. Los alienta a fortalecer su determinación y mantener la fidelidad a pesar de las dificultades, sabiendo que el premio final: las bendiciones eternas en la presencia de Dios, está justo por delante. Esta perspectiva se alinea con las enseñanzas de Cristo, quien instruyó a sus seguidores a acumular tesoros en el cielo en lugar de en la tierra (Mateo 6:19-21).

James destaca la urgencia de permanecer firmes, comparando el viaje cristiano con una carrera donde la perseverancia es esencial para llegar a la meta y recibir la plenitud de las promesas de Dios. Esta perseverancia se basa en la creencia de que el cumplimiento de los propósitos de Dios es inminente y que cada momento trae oportunidades para vivir fiel y obedientemente.

El consejo de Santiago anima a los creyentes a vivir con una perspectiva eterna, centrándose en inversiones espirituales que perduran más allá de esta vida. Esta perspectiva desafía el atractivo de la gratificación inmediata y la riqueza material, instando en cambio a un compromiso con una fe duradera y la anticipación de la recompensa celestial prometida a quienes siguen fielmente a Cristo.

5:9 Hermanos, no murmuréis unos contra otros, para que no seáis juzgados; he aquí el juez está a la puerta.

Santiago advierte a los creyentes que no se culpen ni se quejen unos de otros en medio de sus malestares. Distingue entre denuncias abiertas y expresiones sutiles pero dañinas de amargura o resentimiento que pueden manifestarse como gemidos o suspiros. Advierte que tales actitudes implican un juicio inadecuado, haciéndose eco de sus enseñanzas anteriores sobre los peligros de la calumnia y las actitudes críticas (cf. Santiago 4:11-12).

La urgencia del mensaje de Santiago queda subrayada por la creencia entre los primeros cristianos en el inminente regreso de Jesucristo (" parusía "), refiriéndose a su esperada venida. Esta creencia no era una línea de tiempo fija sino una convicción de que Cristo podría regresar en cualquier momento, impulsando a los creyentes a vivir en disposición y fidelidad. Este inminente regreso de Cristo es distinto de Su Segunda Venida, que las Escrituras indican que ocurrirá después de un período de tribulación.

Según algunas perspectivas teológicas como la visión del Rapto Pretribulación, el concepto del inminente regreso de Cristo afirma que Jesús reunirá a sus seguidores antes del período de tribulación descrito en la profecía bíblica. Esta creencia se alinea con la enseñanza del Nuevo Testamento sobre el inminente regreso de Cristo, enfatizando la disposición y anticipación con la que los creyentes deben vivir sus vidas.

Para Santiago, el inminente regreso de Jesucristo es una poderosa motivación para que los creyentes vivan con paciencia y sacrificio. Representa vívidamente a Jesús "de pie a la puerta", simbolizando su proximidad y la urgencia con la que los creyentes deben esperar su regreso. Esta anticipación debe moldear sus actitudes y acciones, fomentando un espíritu de paciencia, perseverancia y devoción en preparación para las recompensas eternas prometidas por Cristo a su regreso.

5:10 Hermanos, tomen como ejemplo de sufrimiento y paciencia a los profetas que hablaron en el nombre del Señor.

En Santiago 1:4, el concepto de paciencia en el sufrimiento se destaca como una virtud que los creyentes deben cultivar. Esta resistencia al sufrimiento encuentra una expresión ejemplar en los profetas hebreos, quienes fueron poderosos modelos de fidelidad y perseverancia en medio de pruebas y tribulaciones.

Consideremos al profeta Job, famoso por su confianza inquebrantable en Dios a pesar de perder su riqueza, su salud y su familia en una serie de pruebas devastadoras. Su famosa declaración: "Aunque él me mate , en él esperaré" (Job 13:15), personifica la resistencia paciente frente a un sufrimiento significativo.

Otro ejemplo notable es el profeta Jeremías, a menudo llamado el "profeta llorón". Jeremías proclamó fielmente la palabra de Dios a una nación desobediente, soportando persecución, rechazo y encarcelamiento. Su firme compromiso con el llamado de Dios demuestra una fidelidad duradera a pesar de la angustia y la oposición personales.

El profeta Daniel ejemplifica la resiliencia y la confianza en Dios mientras enfrenta intrigas políticas, exilio y persecución en Babilonia. A pesar de las amenazas a su vida y su fe, Daniel se mantuvo firme en la oración y la devoción a Dios, y finalmente fue testigo de la liberación y soberanía de Dios.

El profeta Isaías, conocido por sus visiones proféticas y mensajes de esperanza y restauración, soportó oposición y persecución por proclamar la verdad de Dios al pueblo de Judá. Su firmeza al declarar las promesas de Dios en medio de la adversidad es un ejemplo duradero de fidelidad y perseverancia.

Estos profetas, entre otros del Antiguo Testamento, ejemplifican la virtud de la paciencia en el sufrimiento. Sus vidas y mensajes resuenan con la exhortación de Santiago a los creyentes a soportar las pruebas con fe firme, confiando en la fidelidad y soberanía de Dios. Sus historias inspiran y alientan a los creyentes a perseverar a través de las dificultades, sabiendo que Dios está obrando a pesar de la adversidad, moldeando y refinando su fe para Su gloria.

5:11 He aquí, consideramos bienaventurados a los que permanecieron firmes. Habéis oído de la firmeza de Job, y habéis visto el propósito del Señor, cómo el Señor es compasivo y misericordioso.

Al examinar el tema de la paciencia en el sufrimiento, Job emerge como un ejemplo complejo pero significativo. Si bien Job no siempre mostró perfecta paciencia en su sufrimiento, finalmente decidió soportar lo que le sucediera mientras esperaba la resolución de Dios al misterio de sus aflicciones (cf. Job 13:10, 15; 16:19-21; 19:25).).

Los eruditos señalan que a pesar de los momentos de impaciencia y angustia de Job, constantemente volvió a comprometerse totalmente con Dios, culminando en un espíritu de sumisión duradera al final de su terrible experiencia.

Este viaje de fe, marcado por la lucha con la justicia de Dios en medio de un sufrimiento significativo, ejemplifica el tipo de perseverancia firme que Santiago alienta en los creyentes.

En Santiago 5:7-10, el autor aboga por "paciencia" (makrotimia), que implica abstenerse de tomar represalias y perseverar firmemente a través de las pruebas. Esto hace eco de las enseñanzas anteriores de Santiago sobre la fe duradera frente a diversas pruebas (cf. Santiago 1:3) y resuena con el tema bíblico más amplio de la perseverancia en la fe (cf. Hebreos 11:25).

La historia de Job revela la compasión y la misericordia de Dios, particularmente en la restauración y las bendiciones que recibe Job después de sus pruebas. Su ejemplo anima a los creyentes a seguir viviendo por fe incluso cuando se sienten tentados a dudar o apartarse de la confianza en Dios, como lo ejemplifica el llamado de Santiago a una fidelidad duradera en medio de la adversidad.

La preocupación de Santiago a lo largo de su epístola es equipar a los creyentes para que superen las reacciones mundanas ante las injusticias y las pruebas, adoptando una mentalidad basada en los valores del reino de Dios. Esta perspectiva permite a los creyentes resistir la hostilidad del mundo, reconociendo que su máxima esperanza reside en la soberanía y la fidelidad de Dios, tal como lo demostró Job en su terrible experiencia.

5:12 Pero sobre todo, hermanos míos, no juréis por el cielo, ni por la tierra, ni por ningún otro juramento, sino que vuestro sí sea sí y vuestro no sea no, para que no caigáis en condenación.

James enfatiza que las malas palabras y los juramentos apresurados son manifestaciones de impaciencia, particularmente en tiempos de estrés y aflicción. Advierte contra el uso casual e irreverente del nombre del Señor o la invocación del cielo y de la tierra para afirmar declaraciones (cf. Mateo 5:33-37). Según James, tal comportamiento refleja una falta de autocontrol y un desprecio por el carácter sagrado del nombre de Dios.

Académicos como Jamieson, Hiebert y Constable explican que la preocupación de James no son los juramentos formales utilizados en entornos legales sino las conversaciones cotidianas en las que los juramentos se utilizan a la ligera y sin una consideración genuina por su significado. Esto se alinea con las prácticas judías de la época y se extiende a contextos modernos donde las personas pueden usar con ligereza un lenguaje religioso o solemne.

James destaca que nuestro discurso debe caracterizarse por la integridad y la honestidad, donde una simple afirmación o negación debería ser suficiente sin necesidad de juramentos adicionales para validar nuestras declaraciones. Esto refleja un compromiso más profundo con la veracidad y confiabilidad en nuestra comunicación, haciéndose eco de las enseñanzas de Jesús sobre dejar que nuestro sí y nuestro no sean sí.

Como lo ve James, la impaciencia es la raíz de ese comportamiento inadecuado, a menudo asociado con los ricos. Esta impaciencia surge de un rechazo u olvido de la revelación divina, particularmente en lo que respecta al futuro tal como se describe en las Escrituras. El conocimiento de los planes de Dios para el futuro debería moldear profundamente nuestras decisiones cotidianas, incluida la forma en que administramos la riqueza y nos comportamos en todos los aspectos de la vida. Por lo tanto, Santiago alienta a los creyentes a alinear sus actitudes y acciones con la verdad revelada de Dios, fomentando una vida marcada por la integridad, la paciencia y la fiel obediencia.

La oración de fe

Santiago enfatiza constantemente la importancia de la oración como un medio vital para que los creyentes superen las pruebas y tentaciones. A lo largo de su epístola, entrelaza los temas de la paciencia y la oración, instando a sus lectores a volverse a Dios en oración en lugar de recurrir a malas palabras u otras expresiones inapropiadas de emoción en momentos de sufrimiento.

Al principio y al final de su carta, Santiago destaca la oración como una herramienta crucial para afrontar las pruebas (cf. Santiago 1,5-8; 5,13-18). Enseña que la oración busca la sabiduría y la guía de Dios durante los desafíos y fortalece la determinación de los creyentes de perseverar con paciencia y fe. Este énfasis resalta la conexión inseparable entre una vida perseverante y una vida de oración, donde la oración es una práctica fundamental que apoya la firmeza ante las dificultades.

5:13 **¿Está alguno entre vosotros sufriendo? Que ore. ¿Alguien está alegre? Que cante alabanzas.**

En Santiago 5:13-18, alienta específicamente la oración como la respuesta apropiada a la tristeza causada por el sufrimiento. En lugar de permitir que la tristeza conduzca a palabras o acciones inadecuadas, Santiago dirige a los creyentes a canalizar sus emociones a través de una comunicación en oración con Dios. Esto se alinea con su mensaje más amplio de vivir por fe y confiar en la soberanía de Dios, independientemente de las circunstancias presentes.

Santiago contrasta las expresiones apropiadas de las emociones: el gozo debe expresarse alabando a Dios y cantando alabanzas en lugar de palabras inapropiadas como las malas palabras. Esto refleja su convicción de que la oración y la adoración son fundamentales para mantener una vida fiel y recta, incluso en medio de pruebas y desafíos.

Por lo tanto, las enseñanzas de Santiago sobre la oración resaltan su poder transformador al moldear las actitudes y respuestas de los creyentes, permitiéndoles soportar las pruebas con paciencia y fe mientras glorifican a Dios en cada circunstancia.

5:14 **¿Está alguno enfermo entre vosotros? Llame a los ancianos de la iglesia, y oren por él, ungiéndolo con aceite en el nombre del Señor.**

Santiago aborda el tema de la enfermedad, tanto espiritual como física, en su epístola, reconociendo que apartarse de la voluntad de Dios puede tener consecuencias que incluyen debilidad espiritual y, a veces, incluso enfermedad física (Santiago 1:15, 21; 5:20). Proporciona instrucciones claras sobre cómo los creyentes deben responder cuando se enfrentan a estos desafíos, particularmente en Santiago 5:14-20.

Santiago aconseja a los creyentes que tomen medidas proactivas para lidiar con las debilidades espirituales o físicas. Específicamente, les ordena que llamen a los ancianos de la iglesia. Estos ancianos son líderes reconocidos dentro de la congregación y son responsables de la supervisión y el cuidado espiritual. Invocarlos demuestra confianza en su autoridad espiritual y su papel en la comunidad de fe.

Santiago describe un doble ministerio que los ancianos deben realizar cuando sean llamados: oración y unción con aceite en el nombre de Jesús. Se enfatiza la oración como la acción principal, mientras que la unción con aceite es una consagración y dedicación simbólica secundaria al poder sanador de Dios. Esta práctica refleja un enfoque holístico de la curación, abordando las dimensiones física y espiritual de la enfermedad.

La unción con aceite era una práctica cultural y religiosa común en el antiguo Cercano Oriente, que significaba curación y consagración. En este contexto, simboliza la invocación de los ancianos a la presencia y el poder de Dios para traer sanación y restauración. Es importante destacar que Santiago destaca la importancia de la oración como punto focal de este ministerio, destacando su papel central en la búsqueda de la intervención y guía de Dios.

Hoy, las instrucciones de Santiago recuerdan a los creyentes que deben involucrar a su comunidad eclesial en tiempos de necesidad, particularmente en enfermedades o luchas espirituales. En lugar de depender únicamente de redes personales o informales para recibir apoyo, James anima a los creyentes a involucrar a los ancianos de la iglesia que puedan brindar consejo espiritual, intercesión a través de la oración y una expresión tangible de fe a través de la unción. Este enfoque no sólo busca la curación física sino que también fomenta la fuerza espiritual y la unidad dentro del cuerpo de Cristo, lo que refleja la preocupación holística de James por el bienestar de los creyentes.

La instrucción de Santiago sobre llamar a los ancianos y ungir con aceite a la persona enferma proporciona una idea tanto de las prácticas culturales de su tiempo como del cuidado espiritual dentro de la comunidad de la iglesia primitiva.

En primer lugar, llamar a los ancianos significa reconocer que la enfermedad puede estar relacionada con condiciones espirituales. Esto se alinea con la declaración posterior de Santiago en el versículo 15, donde vincula la enfermedad con el pecado y la necesidad de perdón y restauración a través de la oración y el arrepentimiento. Si bien la atención médica moderna es esencial y valorada, el papel de los ancianos se centra en abordar los factores espirituales que pueden contribuir a la enfermedad o acompañarla. Esta supervisión espiritual tiene sus raíces en su responsabilidad por el bienestar espiritual del rebaño (Hebreos 13:17).

La práctica de ungir con aceite, típicamente aceite de oliva en la antigüedad, tenía un significado simbólico y práctico. Era valorado por sus cualidades terapéuticas y comúnmente se usaba con fines calmantes y medicinales (Isaías 1:16; Lucas 10:34). El uso que hace Santiago de la palabra griega " aleiphein ", que significa frotar o aplicar aceite, en lugar de " chrein ", que denota específicamente unción ceremonial religiosa, sugiere una aplicación práctica del aceite por sus beneficios medicinales en lugar de un acto sacramental.

Existe cierto debate entre los cristianos sobre la continuidad de la unción con aceite como práctica en la iglesia actual. Si bien se originó en las costumbres judías, no era exclusivamente judío, y su aplicación en el contexto de James resalta su uso terapéutico práctico más que un rito estrictamente religioso. Bajo la gracia de Cristo, los creyentes tienen libertad con respecto a la observancia de tales prácticas, en el entendido de que el enfoque principal sigue siendo la restauración espiritual y física a través de la oración y la fe.

Las instrucciones de Santiago resaltan el cuidado integral de los enfermos dentro de la comunidad cristiana, integrando la supervisión espiritual con el cuidado práctico. Este enfoque enfatiza la importancia de la fe, la oración y el apoyo comunitario en tiempos de enfermedad, lo que refleja la responsabilidad de la iglesia de atender las necesidades físicas y espirituales de sus miembros.

Las instrucciones de Santiago sobre la unción de los enfermos con aceite y la participación de los ancianos revelan ideas sobre las prácticas cristianas primitivas y sus implicaciones teológicas.

En primer lugar, el enfoque de Santiago en llamar a los ancianos y ungir con aceite sugiere un reconocimiento de que la enfermedad puede tener raíces espirituales. Si bien, en última instancia, todas las enfermedades se remontan a la Caída y el quebrantamiento de la creación, no todas las enfermedades están directamente relacionadas con un pecado específico, como afirmó Jesús en Juan 9:3 con respecto al hombre ciego. El acto de ungir con aceite en el contexto de Santiago probablemente era un símbolo de invocar la presencia sanadora y reconfortante de Dios, muy parecido al uso del aceite en el Antiguo Testamento como símbolo del poder y la bendición del Espíritu Santo (Salmo 23:5; Isaías 61:1).).

La omisión de Santiago de instrucciones de buscar a aquellos con el don de sanidad implica que tales personas no eran comunes ni siquiera en la iglesia primitiva. En cambio, el énfasis estaba en la responsabilidad comunitaria de los ancianos de orar y ministrar a los enfermos, atendiendo a sus necesidades físicas y espirituales. Este enfoque resalta la atención integral que la comunidad cristiana fue llamada a brindar, combinando fe, oración y apoyo práctico en tiempos de enfermedad.

La palabra griega " aleiphein ", que significa frotar o aplicar aceite, en lugar de " chrein ", que denota específicamente unción ceremonial, indica una aplicación práctica del aceite por sus cualidades calmantes y quizás simbólicas. Esta práctica fue un recordatorio tangible de la presencia y el cuidado de Dios durante la aflicción física.

En particular, la guía de Santiago sobre la unción con aceite se ha interpretado históricamente de manera diferente en las tradiciones cristianas. Por ejemplo, la doctrina católica romana desarrolló la práctica de la extremaunción (ungir a los enfermos con aceite cerca de la muerte) basada en parte en Santiago 5:14. Esta práctica, que surgió alrededor del siglo VIII, refleja una creencia en la eficacia sacramental de la unción para el perdón de los pecados y la preparación para la otra vida.

La directiva de Santiago de ungir a los enfermos con aceite e involucrar a los ancianos en la oración resalta el papel de la comunidad cristiana en el cuidado de los enfermos espiritual y físicamente. Esta práctica aborda las necesidades inmediatas y sirve como recordatorio de la presencia sanadora de Dios y el apoyo comunitario esencial para la vida de fe.

5:15 Y la oración de fe salvará al enfermo, y el Señor lo levantará. Y si ha cometido pecados, le serán perdonados.

James enfatiza la importancia de la oración para abordar las necesidades de los enfermos, destacándola como el medio principal a través del cual se busca la curación dentro de la comunidad cristiana.

El punto central de Santiago 5:13-18 es la oración, a pesar de las diferentes interpretaciones sobre el significado de ungir con aceite. Algunos sugieren que la unción no debería eclipsar el énfasis principal en la oración misma. Se enfatiza que las oraciones de fe de los ancianos tienen el poder de restaurar o curar a la persona enferma. El término "oración de fe" denota una oración ofrecida con confianza en la capacidad de Dios para sanar según Su voluntad (Mateo 8:1-13; Marcos 5:35-42). Esto se alinea con el entendimiento de que la curación suprema proviene de Dios, siendo la oración un medio vital a través del cual se busca el poder sanador de Dios.

La unción con aceite en el contexto de Santiago se considera un acto práctico y simbólico más que un rito sacramental. Simboliza la presencia y el cuidado de Dios en tiempos de aflicción física, basándose en el uso cultural del aceite por sus cualidades calmantes y medicinales (Isaías 1:6; Lucas 10:34). El acto de ungir no se considera la causa directa de la curación, sino una expresión visible de confianza en la provisión y el cuidado de Dios.

La instrucción de Santiago no respalda la idea de que la oración con fe garantice un resultado específico simplemente porque se ora por ello. En cambio, la fe en la oración está anclada en la confianza en la soberanía de Dios y sus propósitos, no en una expectativa formulada de resultados (Santiago 1:5-6; 2 Corintios 12:7-10). La fe siempre depende del carácter y las promesas de Dios, asegurando que la oración efectiva esté arraigada en una relación genuina con Él.

Con respecto a los pecados relacionados con la enfermedad, Santiago reconoce que no todas las enfermedades son el resultado directo del pecado personal (Juan 9:1-3). Sin embargo, destaca la necesidad de restauración espiritual y física donde el pecado puede ser un factor, enfatizando la confesión y el perdón a través de la oración (1 Juan 1:9; Mateo 6:12). Este enfoque holístico refleja la preocupación de James por abordar las dimensiones físicas y espirituales de la enfermedad en la comunidad.

La guía de Santiago sobre la oración y la unción de los enfermos resalta la responsabilidad de la comunidad cristiana de apoyar y ministrar a quienes enfrentan enfermedades. La oración, ofrecida con fe y dependencia de la voluntad de Dios, sigue siendo fundamental para buscar sanación y restauración, afirmando la soberanía de Dios en todas las circunstancias de la vida.

5:16 Por tanto, confesad vuestros pecados unos a otros y orad unos por otros para que seáis sanados. La oración de una persona justa tiene un gran poder ya que es eficaz.

Santiago instruye a los creyentes a confesarse sus pecados unos a otros y a orar unos por otros, destacando la interconexión del bienestar espiritual y físico dentro de la comunidad cristiana.

Confesarse los pecados unos a otros se basa en el entendimiento de que el pecado puede conducir a enfermedades físicas y espirituales (Santiago 5:15, 16). Esta práctica de confesión tiene como objetivo fomentar la transparencia y la rendición de cuentas entre los creyentes, promoviendo la salud espiritual y la restauración relacional. Aquí la confesión no se limita a entornos formales, sino que fomenta un reconocimiento personal y privado de los errores cometidos contra otros (Mateo 5:23-24).

Santiago destaca la eficacia de la oración en la curación, enfatizando que las oraciones ofrecidas por los creyentes unos por otros pueden lograr restauración espiritual y física (Santiago 5:16). Esto se alinea con los principios bíblicos que enfatizan el poder de la oración para abordar las necesidades tanto personales como comunitarias (Mateo 18:19-20; Efesios 6:18).

El contexto de la confesión y la oración implica una dinámica relacional donde los creyentes se apoyan e interceden unos por otros. Refleja un compromiso con el crecimiento espiritual y el cuidado mutuo dentro de la comunidad de fe, reflejando los principios de perdón y reconciliación enseñados por Jesús (Colosenses 3:12-13).

Dentro de los matrimonios, los principios de James fomentan un ambiente de apertura y perdón. Se insta a los cónyuges a crear un espacio seguro donde la confesión de pecados y la expresión de emociones sean bienvenidos y apoyados (Efesios 4:31-32; 1 Juan 4:18). Esto fomenta la intimidad y la confianza, esenciales para mantener relaciones saludables y abordar los conflictos de manera constructiva.

En última instancia, las instrucciones de Santiago sobre la confesión y la oración resaltan el enfoque holístico de la vida cristiana, enfatizando la responsabilidad personal por el pecado y el apoyo comunitario a través de la oración y el estímulo mutuo. Estas prácticas contribuyen al crecimiento espiritual individual y fortalecen la unidad y la salud de la iglesia.

Parece que estás compartiendo algunas ideas o citas relacionadas con la práctica de la confesión dentro de la fe cristiana, particularmente al lidiar con el pecado y buscar la renovación espiritual. La confesión, tal como se entiende en varias tradiciones cristianas, implica reconocer los propios pecados ante Dios y, en algunos casos, ante otros creyentes para rendir cuentas y recibir apoyo. Aquí hay un resumen basado en las citas e ideas que ha presentado:

Alcance de la Confesión : La confesión del pecado debe corresponder al alcance de su impacto. Los pecados privados deben confesarse en privado, mientras que los pecados que afectan a otros o a la comunidad pueden requerir una confesión pública para facilitar la curación y la reconciliación (cita 2).

Propósito de la Confesión : La confesión no es simplemente un ritual sino un medio para recibir ayuda divina y experimentar renovación espiritual. Permite a los creyentes confrontar sus pecados honestamente y buscar el perdón, restaurando su relación con Dios y los demás (cita 3).

Confesión y vida cristiana : si bien no es un requisito ni una ley estricta, la confesión ofrece un camino hacia una fe más profunda y un compañerismo dentro de la comunidad cristiana. Proporciona un contexto para el apoyo mutuo, la responsabilidad y la experiencia de la gracia de Dios para superar el pecado y la duda (cita 4).

Perspectiva histórica : Históricamente, figuras como Martín Lutero enfatizaron la confesión como parte integral de la vida cristiana, citando su papel en el fomento del crecimiento espiritual y la seguridad del perdón. Para Lutero, la confesión no era sólo una práctica sino un aspecto vital de vivir la propia fe (cita 5).

La confesión en el cristianismo es una disciplina espiritual que fomenta la humildad, la responsabilidad y la reconciliación. Su objetivo es cultivar una relación más profunda con Dios y los demás, permitiendo a los creyentes experimentar el poder transformador del perdón y la gracia de Dios.

Santiago enfatiza la importante eficacia de la oración en la curación tanto espiritual como física, ilustrando su punto con el ejemplo de la oración de Elías (Santiago 5:17-18). Estos son los puntos clave derivados de su mensaje:

El poder de la oración : Santiago afirma que las oraciones de una persona justa son potentes y efectivas, capaces de lograr liberación espiritual y física para los demás. Esta justicia no se logra por uno mismo, sino que se obtiene mediante la confesión de los pecados y la recepción del perdón de Dios (cita 1).

Eficacia de la oración : La eficacia de la oración radica en su capacidad para aprovechar el poder de Dios. Sirve como medio a través del cual los creyentes acceden a la intervención y provisión divina de Dios (cita 2).

El ejemplo de Santiago : Históricamente, el propio Santiago ejemplificó una vida dedicada a la oración. Según Eusebio, basándose en Hegesipo , Santiago era conocido por su devota vida de oración, a menudo orando fervientemente por el perdón y el bienestar del pueblo. Este compromiso con la oración fue tan intenso que lo afectó físicamente, endureciéndole las rodillas como las de un camello por el prolongado arrodillamiento ante Dios (cita 3).

James destaca la importancia de la oración como práctica central en la vida cristiana. Facilita la comunión personal con Dios y sirve como un poderoso instrumento para interceder en favor de los demás, demostrando fe en la capacidad de Dios para lograr sanación y restauración.

El pasaje de Santiago 5:13-16 aborda un contexto específico dentro de la comunidad cristiana primitiva, enfocándose en la relación entre el pecado, la oración y la curación. Aquí hay un desglose de los puntos clave de su mensaje:

Contexto de la enfermedad y el pecado : La enseñanza de Santiago sobre la oración por los enfermos no es una promesa general de curación de todas las dolencias físicas, sino que aborda específicamente las enfermedades resultantes de un comportamiento injusto, particularmente los pecados que implican el mal uso del habla. Destaca la importancia de abordar las causas fundamentales espirituales cuando se busca curación (cita 1).

Aplicación hoy : Este pasaje sigue siendo relevante para los creyentes de hoy. Fomenta la autorreflexión y el arrepentimiento al enfrentar las consecuencias de acciones pecaminosas, lo que potencialmente conduce tanto a la restauración espiritual como, en casos específicos, a la curación física a través de la oración y la confesión (cita 3).

Intervención médica y divina : Reconociendo que toda curación proviene en última instancia de Dios, ya sea a través de medios médicos o de intervención milagrosa, enfatiza el enfoque holístico de buscar experiencia médica y la intervención divina en tiempos de enfermedad (cita 1).

Santiago 5:13-16 destaca la interconexión de la salud física y espiritual dentro del contexto cristiano. Alienta a los creyentes a acercarse a Dios en oración por la curación, particularmente en los casos en que la enfermedad puede estar relacionada con un pecado no confesado, al mismo tiempo que reconoce el papel de los profesionales médicos como parte de la provisión de Dios para la curación.

5:17 **Elías era hombre de naturaleza como la nuestra, y oró fervientemente para que no lloviera, y durante tres años y seis meses no llovió sobre la tierra. 5:18 Entonces oró otra vez, y el cielo dio lluvia, y la tierra dio su fruto.**

Santiago se basa en el ejemplo de Elías para ilustrar el poder y la eficacia de la oración, enfatizando que Elías, a pesar de sus extraordinarias experiencias, era un ser humano común y corriente con una naturaleza humana similar a la de cualquier otra persona.

Naturaleza de la oración de Elías : Santiago destaca que la eficacia de Elías en la oración no se debió únicamente al fervor de sus peticiones sino a que oró consistentemente y en alineación con la voluntad de Dios (cita 2). La frase "oraron fervientemente" (griego: proseuche proseuxato) destaca la persistencia y el compromiso de Elías con la oración, convirtiéndola en una parte central de su interacción con Dios (cita 3).

Influencia a través de la oración : Las oraciones de Elías influyeron en las acciones de Dios, particularmente en el cumplimiento de Sus decretos, como traer lluvia después de una sequía (1 Reyes 17:1; 18:1, 41-45). Esto demuestra que la oración permite a los creyentes participar en los planes de Dios e influir en ciertos resultados de acuerdo con Su voluntad (cita 4).

Comprender la voluntad de Dios : James enfatiza la importancia de conocer y alinearse con la voluntad de Dios en la oración. La oración eficaz tiene sus raíces en la comprensión de los propósitos y promesas de Dios , lo que proporciona una base sólida para creer en las oraciones (cita 5).

Santiago usa a Elías como ejemplo para animar a los creyentes a orar consistentemente y en alineación con la voluntad de Dios. Este enfoque resalta el potencial de todos los creyentes, a través de una vida recta y la oración, de ver la intervención y la influencia de Dios en sus vidas y circunstancias.

Santiago utiliza el ejemplo de Elías para resaltar el impacto significativo de la oración y su alineación con los propósitos de Dios. A continuación se presenta un resumen y una reflexión sobre los puntos planteados:

La oración como colaboración con Dios : La comprensión de que la oración es un medio importante de cooperar con Dios se alinea con su carácter misericordioso. Dios desea involucrar a Sus hijos en el cumplimiento de Sus planes, permitiendo que los creyentes participen activamente a través de la intercesión (cita 2).

El ejemplo de Elías : Santiago contrasta el enfoque de Elías con la necesidad de una resolución pacífica a través de la oración y la sumisión a la voluntad de Dios (cita 3). La vida de Elías ilustra cómo la oración puede producir resultados transformadores, mostrando la capacidad de respuesta de Dios a las peticiones de su pueblo.

Interpretación de Santiago 5:13-18 : Si bien algunas interpretaciones sugieren que Santiago se refiere específicamente al desánimo o la depresión en lugar de la curación física, el contexto respalda una aplicación más amplia. Los términos griegos usados para "enfermo" y "sanado" en Santiago 5:14-16 típicamente se refieren a dolencias físicas, y no hay ninguna indicación contextual que las limite a condiciones psicológicas (cita 4). Es probable que Santiago utilice el ejemplo de la enfermedad para resaltar la potencia de la oración, animando a los creyentes a orar por aquellos que luchan debido a enfermedades inducidas por el pecado y a cultivar la paciencia en sus propias vidas.

Santiago anima a los creyentes a participar fervientemente en la oración, comprendiendo su poder para realizar la voluntad de Dios y contribuir activamente a sus propósitos redentores. Esto se alinea con una narrativa bíblica más amplia donde la oración se presenta como un canal vital a través del cual Dios interactúa con Su pueblo y lleva a cabo Sus planes.

5:19 **Hermanos míos, si alguno entre vosotros se desvía de la verdad y alguien lo hace volver,**

Santiago concluye su epístola abordando la restauración de un hermano o hermana que se ha desviado de la fe. Esta sección final resume sus enseñanzas en el Capítulo 5. Es una guía general para cualquier creyente que haya fallado en varias áreas abordadas a lo largo del libro.

Restaurar a los que yerran : Santiago enfatiza que es el deber y el privilegio de todo creyente, no sólo de los ancianos o líderes de la iglesia, ayudar a un compañero creyente que se ha desviado de su rumbo (Santiago 5:19). Este acto de restauración se enmarca dentro del contexto más amplio de la oración, destacando la interconexión de la oración y el apoyo espiritual en la comunidad cristiana (cf. Ezequiel 33:1-9; Gálatas 6:1).

Aplicación a otros errores : Santiago aborda específicamente la restauración espiritual de aquellos que se han extraviado. Sin embargo, sus instrucciones se pueden aplicar de manera más amplia a cualquiera que haya tropezado en otras áreas discutidas anteriormente en la epístola. A lo largo de la carta de Santiago, aborda temas como el favoritismo, la fe y las obras, domar la lengua y vivir según la sabiduría de Dios. Los principios de corrección, apoyo en oración y la importancia de volver a los caminos de Dios se aplican a varios aspectos de la vida cristiana.

Los comentarios finales de Santiago resaltan la importancia de mantener la vigilancia espiritual, apoyarse unos a otros en la fe y participar activamente en la restauración de aquellos que se han descarriado. Este enfoque fomenta una comunidad cristiana sana y solidaria. Refleja los valores fundamentales del perdón, la gracia y el compromiso de vivir fielmente según la voluntad de Dios.

5:20 **que sepa que cualquiera que haga volver a un pecador de su extravío salvará su alma de la muerte y cubrirá muchos pecados.**

Santiago concluye su epístola abordando la restauración de un creyente reincidente, destacando la naturaleza integral de la redención espiritual y el perdón dentro de la comunidad cristiana.

Alma salvada de la muerte : Santiago usa el término "alma" para abarcar a la persona en su totalidad, similar a su uso en otras partes de la epístola (Santiago 1:21). La frase "salvados de la muerte" se refiere a la destrucción temporal en lugar de la condenación eterna (cf. 1 Corintios 3:15; 1 Juan 5:16). Destaca la restauración y rescate del creyente que se ha desviado del camino de la fe. Los muchos pecados de los reincidentes son perdonados y cubiertos mediante el arrepentimiento y la restauración espiritual, basándose en imágenes del Antiguo Testamento donde el perdón a menudo se describe como cubrir el pecado.

Soluciones prácticas a los problemas espirituales : a lo largo de su epístola, Santiago aborda cinco desafíos prácticos que enfrentan los creyentes cuando buscan vivir su fe: pruebas, parcialidad, habla, conflictos y dinero. Identifica estos problemas, profundiza en sus causas subyacentes, identifica factores que complican las cosas y prescribe remedios para superarlos. El enfoque de James es similar al de un médico experto que diagnostica dolencias y ofrece tratamiento para fomentar la madurez espiritual entre sus lectores.

Relevancia duradera : La naturaleza práctica de las enseñanzas de Santiago y su profundo análisis y prescripción de soluciones han contribuido a la popularidad duradera y el valor atemporal de esta epístola en el ministerio cristiano. Al abordar problemas de la vida real con profundidad espiritual y sabiduría práctica, James proporciona un marco para que los creyentes crezcan en la fe, enfrenten los desafíos con sabiduría y fomenten una comunidad marcada por la gracia, el perdón y el crecimiento espiritual.

La epístola de Santiago aborda problemas prácticos específicos que enfrentan los creyentes. Ofrece principios duraderos y soluciones arraigadas en la fe, la sabiduría y la madurez espiritual. Su relevancia se extiende a lo largo de siglos y resuena en los creyentes que buscan afrontar los desafíos de la vida sin dejar de ser fieles a la voluntad y las enseñanzas de Dios.

Resumen del Capítulo 5

Advertencia a los ricos opresores (Santiago 5:1-6): Santiago advierte severamente a los opresores ricos que han explotado a los pobres. Denuncia sus estilos de vida lujosos y las injusticias que cometen, incluida la retención de salarios justos a los trabajadores que cortan sus campos. Santiago profetiza juicio sobre ellos, enfatizando que su riqueza finalmente se corroerá y testificará contra ellos en los últimos días.

Paciencia en el sufrimiento (Santiago 5:7-12): Santiago anima a los creyentes a ser pacientes ante el sufrimiento y las dificultades, al igual que los agricultores esperan pacientemente la cosecha. Les insta a fortalecer sus corazones porque la venida del Señor está cerca . James desaconseja las quejas y los juramentos, y en cambio aboga por un discurso directo basado en la honestidad y la integridad.

El poder de la oración (Santiago 5:13-18): Santiago enfatiza la importancia y eficacia de la oración en diversas situaciones. Anima a los que sufren a orar y a los que están alegres a cantar alabanzas. Santiago se dirige específicamente a los enfermos y les ordena que llamen a los ancianos de la iglesia para que oren por ellos y los unjan con aceite en el nombre del Señor. Destaca el poder de las oraciones fervientes, citando a Elías como un hombre justo cuyas oraciones produjeron resultados significativos, particularmente en tiempos de lluvia y sequía.

Restaurar al creyente descarriado (Santiago 5:19-20): Santiago concluye su epístola abordando la responsabilidad de los creyentes de restaurar a aquellos que se han desviado de la verdad. Destaca la importancia de traer de vuelta al hermano o hermana descarriado. Les recuerda que tal acto cubre multitud de pecados. Santiago enfatiza guiarnos con amor unos a otros a la fidelidad, cumpliendo la ley de Cristo.

Temas en Santiago Capítulo 5:

- **Justicia social y compasión:** James critica la opresión de los pobres por parte de los ricos y pide justicia y un trato justo.
- **Paciencia y resistencia:** se anima a los creyentes a soportar las pruebas con paciencia, esperando la venida del Señor con fe firme.

- **El poder de la oración:** La oración se presenta como una herramienta poderosa tanto en contextos personales como comunitarios, demostrando su eficacia en la curación y la restauración espiritual.
- **Responsabilidad comunitaria:** Los creyentes son responsables del bienestar espiritual de los demás, incluido el apoyo en oración y la restauración amorosa de aquellos que se han descarriado.

Conclusiones clave:

- James enfatiza la necesidad de una fe genuina expresada a través de obras de compasión y justicia.
- El capítulo destaca el papel de la oración en la búsqueda de la intervención y curación de Dios.
- La restauración y la reconciliación dentro de la comunidad cristiana son esenciales para vivir la fe.

El capítulo 5 de Santiago ofrece orientación práctica sobre la justicia social, la resistencia al sufrimiento, el poder de la oración y la responsabilidad de los creyentes de restaurarse unos a otros en el amor y la verdad. Concluye con una llamada a una vida fiel, anticipando el regreso del Señor.

Capítulo 5 Oración

Padre celestial,

Venimos ante ti con el corazón lleno de gratitud por tu presencia en nuestras vidas. Gracias por la sabiduría y la guía de tu Palabra, especialmente en las palabras de Santiago capítulo 5. Al reflexionar sobre estas enseñanzas, Señor, recordamos la importancia de la fe, la paciencia y la oración en nuestro caminar diario contigo.

Padre, levantamos a aquellos entre nosotros que enfrentan pruebas y dificultades. Concédeles la fuerza para perseverar, sabiendo que estás cerca y tus planes son siempre para nuestro bien. Ayúdanos a ser pacientes, como el agricultor que espera el precioso fruto de la tierra, confiando en tu perfecto momento.

Oramos por aquellos que están enfermos entre nosotros, tanto física como espiritualmente. Que encuentren sanación y restauración a través de tu gran poder. Te pedimos sabiduría sobre los ancianos de nuestra iglesia mientras oran por los enfermos y los ungen con aceite. Que tu toque sanador traiga consuelo y renovación a los necesitados.

Señor, confesamos nuestros pecados ante ti, sabiendo que tu perdón cubre multitud de males. Ayúdanos a vivir vidas íntegras y honestas, hablándonos con sinceridad y amor unos a otros. Guíanos en nuestras relaciones para que seamos rápidos en perdonar y ansiosos por restaurar a aquellos que se han desviado de la verdad.

Padre, te agradecemos por el privilegio de la oración, sabiendo que es a través de la oración que nos asociamos contigo en tus propósitos divinos. Que nuestras oraciones sean fervientes y efectivas, confiando en tu poder para provocar cambios milagrosos en nuestras vidas y en el mundo.

Finalmente, Señor, ayúdanos a ser vigilantes y fieles mientras esperamos la venida de tu Hijo, Jesucristo. Mantennos firmes en nuestra fe, llenos de esperanza y expectativa de tu glorioso regreso.

En el nombre de Jesús, oramos,

Amén.

Capítulo 5 Preguntas

¿Qué instruye Santiago respecto de la riqueza y su naturaleza temporal?

¿Qué dice James sobre los salarios de los trabajadores que han sido retenidos?

¿Cómo anima Santiago a los creyentes que están sufriendo?

¿Qué enfatiza Santiago acerca de la paciencia en el sufrimiento?

¿Qué instruye Santiago a hacer a los que sufren?

¿Cuál es la promesa asociada con la oración de fe?

¿Qué ejemplo da Santiago para ilustrar el poder de la oración?

¿Qué instruye Santiago a los creyentes a hacer si alguien se desvía de la verdad?

¿Qué dice Santiago acerca de hacer juramentos?

¿Cómo describe Santiago la oración eficaz de una persona justa?

¿Qué dice Santiago acerca de quejarse unos contra otros?

¿Qué dice Santiago acerca de aquellos que han vivido en el lujo y la autocomplacencia?

¿Qué dice Santiago acerca de la oración ofrecida con fe?

¿Qué ejemplo del Antiguo Testamento usa Santiago para ilustrar su enseñanza sobre la oración?

¿Cómo describe Santiago la venida del Señor?

¿Qué dice Santiago sobre los ricos que oprimen a otros?

¿Qué instrucción da Santiago acerca de los juramentos?

¿Qué dice Santiago acerca de confesarse los pecados unos a otros?

¿Cuál es la promesa asociada con traer de vuelta a un extraviado de la verdad?

¿Cuál es el tema general del capítulo 5 de Santiago?

del libro de Santiago

El Libro de Santiago, atribuido a Santiago, el hermano de Jesús, es una carta práctica e instructiva que aborda diversos problemas que enfrentaron los primeros cristianos. Aquí hay un resumen detallado:

Introducción (Santiago 1:1): Santiago se presenta como un siervo de Dios y del Señor Jesucristo, enfatizando la humildad y su autoridad como líder en la iglesia primitiva.

Resistencia y madurez (Santiago 1:2-18): Santiago anima a los creyentes a considerar las pruebas como oportunidades para crecer en la fe y la resistencia. Enseña que Dios da sabiduría generosamente a quienes la piden con fe y advierte contra la doble mentalidad.

Escuchar y hacer la Palabra (Santiago 1:19-27): Santiago enfatiza la obediencia a la Palabra de Dios. Contrasta la verdadera religión, el cuidado de las viudas y los huérfanos y el mantenerse sin mancha del mundo, con meros rituales religiosos.

Favoritismo y fe (Santiago 2:1-26): Santiago condena la parcialidad y el favoritismo dentro de la iglesia, recordando a los creyentes que la verdadera fe se evidencia en las acciones. Utiliza ejemplos como el trato a los ricos y pobres y el ejemplo de Abraham para ilustrar una fe que funciona.

Domar la lengua (Santiago 3:1-12): Santiago aborda el poder de la lengua, advirtiendo contra su potencial dañino e instando a los creyentes a usarla para bendecir y no para maldecir. Compara la lengua con un pequeño timón que dirige un barco.

Sabiduría de lo Alto (Santiago 3:13-18): Santiago contrasta la sabiduría terrenal, caracterizada por los celos y la ambición egoísta, con la sabiduría de lo alto, que es pura, pacífica, gentil y misericordiosa. Anima a los creyentes a buscar la sabiduría a través de la humildad.

Advertencia contra la mundanalidad (Santiago 4:1-17): Santiago confronta actitudes mundanas como la ambición egoísta, las disputas y la codicia. Llama a los creyentes a humillarse ante Dios, resistir al diablo y acercarse a Dios mediante el arrepentimiento y la sumisión.

Denunciar la opresión y confiar en Dios (Santiago 5:1-12): Santiago condena a los ricos que oprimen a los pobres y retienen sus salarios. Insta a tener paciencia y resistencia en el sufrimiento, destacando el juicio venidero y la necesidad de confiar en la justicia de Dios.

El poder de la oración (Santiago 5:13-20): Santiago enfatiza la importancia de la oración en tiempos de sufrimiento, enfermedad y alegría. Él anima a confesarse los pecados unos a otros, orar por sanidad y restaurar a aquellos que se desvían de la verdad.

Conclusión (Santiago 5:19-20): Santiago concluye instando a los creyentes a traer de regreso a aquellos que se han desviado de la verdad, sabiendo que esto salvará almas y cubrirá muchos pecados.

Temas:

- **Fe y obras:** Santiago enseña que la fe genuina en Cristo se evidencia en una vida de obediencia y buenas obras.
- **Sabiduría:** Enfatiza la importancia de buscar y aplicar diariamente la sabiduría de Dios.
- **Control de la lengua:** el poder del habla y su potencial para hacer bien o hacer daño es un tema recurrente.
- **Humildad y sumisión:** Santiago llama a los creyentes a humillarse ante Dios y someterse a su voluntad.
- **Justicia y cuidado de los demás:** Aboga por la justicia, el cuidado de los marginados y el trato ético de los demás.
- **Resistencia y paciencia:** Ante las pruebas y el sufrimiento, Santiago alienta la resistencia y la paciencia, sabiendo que Dios recompensa a quienes perseveran.

El Libro de Santiago es una guía práctica para la vida cristiana, que se centra en la fe genuina, la conducta sabia y la importancia de vivir las propias creencias a través de acciones que honran a Dios y benefician a los demás.

PARTE 3: Pon a prueba tus conocimientos

<u>Preguntas de verdadero o falso</u>

Verdadero o Falso: Santiago, el autor de la epístola, se identifica como el hermano de Jesús.

Verdadero o falso: Según Santiago, las pruebas y las pruebas deben contarse como gozo porque producen resistencia y madurez.

Verdadero o Falso: Santiago enseña que Dios tienta a las personas con malos deseos para probar su fe.

Verdadero o falso: James advierte contra simplemente escuchar la palabra sin hacer lo que dice, comparándola con mirarse en un espejo y olvidarse de la apariencia.

Verdadero o Falso: Santiago sostiene que la fe sin obras está muerta, usando el ejemplo de Abraham ofreciendo a Isaac como prueba de que la fe se demuestra mediante acciones.

Verdadero o falso: Santiago condena el favoritismo mostrado hacia los ricos en las reuniones de la iglesia e insta a tratar a todas las personas por igual.

Verdadero o Falso: Según Santiago, la lengua es una pequeña parte del cuerpo pero puede alardear de grandes cosas y prender fuego a todo el curso de la vida.

Verdadero o Falso: Santiago enseña que la sabiduría terrenal conduce a la paz y la armonía entre los creyentes.

Verdadero o falso: Santiago anima a los creyentes a resistir al diablo, acercarse a Dios y purificar sus corazones, advirtiendo contra la doble mentalidad .

Verdadero o Falso: James critica a quienes se jactan de sus planes para el futuro sin reconocer la voluntad de Dios.

Verdadero o falso: James denuncia a los opresores ricos que han acaparado riquezas a costa de pagar salarios justos a sus trabajadores.

Verdadero o Falso: Santiago alienta la paciencia y la resistencia en el sufrimiento, usando a los profetas y a Job como ejemplos de perseverancia.

Verdadero o falso: según James, hacer juramentos es aceptable cuando se hacen promesas o compromisos importantes.

Verdadero o falso: Santiago enseña que la oración ofrecida con fe puede sanar a los enfermos y restaurarlos, animando a los creyentes a confesarse sus pecados unos a otros para sanarse.

Verdadero o Falso: Santiago afirma que Elías era un hombre con una naturaleza como la nuestra, destacando el poder de sus oraciones como ejemplo de oración eficaz y ferviente.

Verdadero o Falso: Santiago concluye su epístola instando a los creyentes a traer de vuelta a aquellos que se han desviado de la verdad y a cubrir muchos pecados mediante el amor y el perdón.

Verdadero o Falso: Santiago enfatiza que la sabiduría terrenal, caracterizada por la envidia y la ambición egoísta, es mejor que la sabiduría de lo alto, que es pura y pacífica.

Verdadero o Falso: Santiago anima a los creyentes a ser rápidos para escuchar, lentos para hablar y lentos para enojarse, enfatizando la importancia de controlar la lengua.

Verdadero o Falso: Según James, la verdadera religión incluye cuidar a las viudas y a los huérfanos y mantenerse sin mancha del mundo.

Verdadero o Falso: Santiago enseña que una persona que sabe el bien que debe hacer y no lo hace peca.

<u>Preguntas de respuestas múltiples</u>

¿Cuál dice Santiago que debería ser la respuesta de los creyentes que enfrentan pruebas?

- A) Amargura

- b) alegría
- C) Resentimiento
- D) Indiferencia

Según Santiago, ¿qué debe pedir una persona cuando carece de sabiduría?

- A) Paciencia
- B) Riqueza
- c) duda
- D) la sabiduría de Dios

¿A qué compara Santiago la fe sin obras?

- a) Un cadáver
- B) Una nube sin lluvia
- C) Una sombra en la noche
- D) Un momento fugaz

James advierte contra mostrar favoritismo ¿hacia quién?

- a) los pobres
- B) Los ricos
- C) Los ancianos
- D) Los enfermos

¿Qué dice James que es una parte pequeña del cuerpo pero que presume de grandes cosas?

- a) la lengua
- B) El corazón
- c) la mano
- D) El ojo

Según Santiago, ¿qué clase de sabiduría conduce al desorden y a toda mala práctica?

- A) Sabiduría terrenal
- B) Sabiduría celestial
- C) Sabiduría intelectual
- D) Sabiduría moral

¿Qué instruye Santiago a los creyentes a hacer en respuesta al sufrimiento y los problemas?

- a) buscar venganza
- B) Cuéntalo todo alegría
- C) Quejarse en voz alta
- D) Escóndete de ello

Santiago anima a los creyentes a ser hacedores de la palabra, no sólo _____.

- A) Oyentes
- B) Pensadores
- C) Lectores
- D) Escritores

¿Cuál de las siguientes palabras dice Santiago que no debería salir de la misma boca?

- A) Bendición y maldición
- B) Elogiar y criticar
- C) Hablar y escuchar
- D) Enseñanza y aprendizaje

¿James compara la vida de los ricos con qué?

- A) Una brisa pasajera
- B) Una flor marchita
- C) Un león rugiente
- D) Una sombra fugaz

¿Cuál dice Santiago que es la fuente de disputas y conflictos entre los creyentes?

- A) Envidia y ambición egoísta
- B) Falta de oración
- C) Mal liderazgo
- D) Ignorancia de las Escrituras

Santiago enseña que la oración de fe salvará ¿a quién?

- A) Los ricos y poderosos
- B) Los justos y santos
- C) Los enfermos y atribulados
- D) Los ancianos y los sabios

¿Qué dice Santiago que se debe hacer por alguien enfermo entre los creyentes?

- A) Deberían orar solos
- B) Llamar a los ancianos de la iglesia para que oren y los unjan con aceite.
- C) Buscar atención médica únicamente
- D) Ignorar su enfermedad

Santiago condena a quienes planifican sus vidas sin reconocer la voluntad de quién.

- a) los suyos
- B) El gobierno

- c) de Dios
- D) el destino

¿Qué dice Santiago que es religión pura y sin mancha ante Dios?

- A) Mantenerse alejado de los placeres mundanos.
- B) Visitar a los huérfanos y a las viudas en su aflicción
- C) Ayunar y orar diariamente
- D) Dar generosamente a la iglesia

Según Santiago, ¿por qué los creyentes deberían ser tardos para hablar y tardos para enojarse?

- A) Para evitar ofender a los demás.
- B) Cultivar la sabiduría y la rectitud
- C) Mantener un ambiente pacífico.
- D) Demostrar humildad y mansedumbre

James advierte que la amistad con el mundo ¿qué es?

- A) Inofensivo
- B) Rentable
- C) Enemistad con Dios
- D) Un signo de madurez

Santiago instruye a los creyentes a someterse a Dios y ¿resistir a quién?

- a) el diablo
- B) Sus compañeros
- C) Figuras de autoridad
- D) Sus propios deseos

¿Cuál dice Santiago que es el resultado de la paciencia y la resistencia en el sufrimiento?

- A) Riqueza y prosperidad
- B) Felicidad y plenitud
- c) vida eterna
- D) Corona de la vida

Según James, ¿qué debe hacer una persona si sabe el bien que debe hacer y no lo hace?

- A) Arrepiéntete y confiesa
- B) Buscar el perdón de Dios
- C) Orar por fortaleza
- D) Es pecado para ellos

<u>Preguntas para completar los espacios</u>

Santiago comienza su carta animando a los creyentes a considerar el ___________ puro siempre que enfrenten pruebas de muchos tipos.

"No os limitéis a escuchar la palabra, y así os engañéis. ___________ ella."

"La religión que Dios nuestro Padre acepta como pura e intachable es ésta: cuidar de los huérfanos y de las viudas en sus angustias y guardarse de ___________."

"Pero el hombre que mira atentamente la ley perfecta que da libertad y continúa haciendo esto, sin olvidar lo que ha oído, sino haciéndolo—___________—será bienaventurado en lo que hace."

"¿De qué le sirve, hermanos míos, si un hombre dice tener fe, pero no tiene ___________?"

"Ves que una persona se justifica por lo que hace y no solo por ___________."

"Pero la sabiduría que viene del cielo es, ante todo, ___________."

"Someteos, pues, a Dios. ___________ y él huirá de vosotros."

"¿Alguno de ustedes está en problemas? Debería ___________."

" Por tanto, confiesaos vuestros pecados unos a otros y ___________."

"La oración del justo es ___________."

"Elías era un hombre como nosotros. Oró fervientemente para que no ___________, y no llovió sobre la tierra durante tres años y medio."

"Hermanos míos, si alguno de vosotros se desvía de la verdad y alguien lo hace volver, acordaos de esto: el que haga volver al pecador del error de su camino, lo salvará de ___________."

"Sobre todo, hermanos míos, no juren, ni por el cielo, ni por la tierra, ni por ninguna otra cosa. Que su 'Sí' sea ___________."

"Tened, pues, paciencia, hermanos, hasta la venida del Señor. Mirad cómo el labrador ___________."

"También la lengua es ___________, mundo de maldad entre los miembros del cuerpo."

"No tienes porque no ___________."

"Humillaos delante del Señor, y él ___________."

"Pero la sabiduría que viene del cielo es ___________."

" Por tanto, confesad vuestros pecados unos a otros y orad unos por otros para que seáis ___________."

<u>Preguntas de respuesta corta</u>

¿Qué dice Santiago acerca de las pruebas y su propósito?

Según Santiago, ¿cuál debería ser nuestra respuesta a la palabra de Dios?

¿Cómo describe Santiago la religión pura?

¿Qué advertencia da Santiago acerca de la lengua?

¿Cómo describe Santiago la fe sin obras?

¿Qué ejemplo usa Santiago para ilustrar la fe y las obras?

¿Qué enseña James sobre la amistad con el mundo?

Según Santiago, ¿cómo deben manejar los creyentes los conflictos y las riñas?

¿Qué enseña Santiago sobre la paciencia y la resistencia en las pruebas?

¿Cómo describe Santiago la oración?

¿Qué dice James acerca de jactarse del futuro?

Según Santiago, ¿cómo deberían tratar los creyentes a los pobres y a los ricos?

¿Qué consejo da Santiago respecto a hacer juramentos?

¿Cómo define Santiago la verdadera sabiduría?

¿Qué dice Santiago acerca de los ricos que oprimen a los pobres?

Según Santiago, ¿cómo deberían responder los creyentes al pecado?

¿Cómo describe Santiago la actitud apropiada hacia la ley de Dios?

¿Qué dice Santiago acerca de la fe y las obras con respecto a la justificación?

¿Cómo anima Santiago a los creyentes a soportar el sufrimiento y las pruebas?

¿Qué enseña Santiago sobre el poder de la oración con respecto a Elías?

Bibliografía

Adamson, JB, 1976. *La Epístola de Santiago* . Nuevo comentario internacional sobre la serie del Nuevo Testamento. Grand Rapids: Wm. B. Eerdmans Publishing Co., reimpresión ed. 1984.

Alford, H., 1880-1884. *El testamento griego* . 4 vols. Nueva edición. Cambridge: Deighton, Bell y Co.

Barclay, W., 1964. *Las cartas de Santiago y Pedro* . La serie de la Biblia de estudio diario. 2da ed. Edimburgo: Saint Andrew Press.

Barclay, W., 1964. *Palabras del Nuevo Testamento* . Londres: SCM.

Baxter, JS, 1960. *Explore el libro* . Un vol. ed. Grand Rapids: Editorial Zondervan, 1980.

Brooks, KL, 1962. *James—Creencia en acción* . Enséñate tú mismo la serie bíblica. Chicago: Instituto Bíblico Moody.

Campbell, KD, 2017. El lamento en Santiago y su importancia para la Iglesia. *Revista de la Sociedad Teológica Evangélica* , 60(1), págs.125-38.

Carson, DA y Moo, DJ, 2005. *Introducción al Nuevo Testamento* . 2da ed. Grandes rápidos: Zondervan.

Cedar, PA, 1984. *Santiago, 1, 2 Pedro, Judas* . Serie de comentarios del comunicador. Waco: libros de palabras.

Darby, JN, 1942. *Sinopsis de los libros de la Biblia* . Edición revisada. 5 vols. Nueva York: Editores de los hermanos Loizeaux.

Davids, PH, 1982. *La Epístola de Santiago* . Serie de comentarios del Nuevo Testamento Griego Internacional. Grand Rapids: Wm. B. Eerdmans Publishing Co.

Guthrie, D., 1962. *Introducción al Nuevo Testamento: desde Hebreos hasta el Apocalipsis* . 2da ed. reimpreso. Londres: Tyndale Press.

Henry, M., 1961. *Comentario sobre toda la Biblia* . Un volumen ed. Editado por Leslie F. Church. Grand Rapids: Zondervan Publishing Co.

Ice, TD, 1994. Hermenéutica dispensacional. En: WR Willis y JR Master, eds. *Problemas del dispensacionalismo* . Chicago: Moody Press, páginas 29-49.

Jamieson, R., Fausset, AR y Brown, D., 1961. *Comentario práctico y explicativo sobre toda la Biblia* . Reimprimir ed. Grand Rapids: Editorial Zondervan.

Josefo, F., 1866. *Las obras de Flavio Josefo* . Traducido por William Whiston. Londres: T. Nelson and Sons, reimpresión ed. 1988. Peabody, Massachusetts: Hendrickson Publishers.

Ladd, GE, 1974. *Una teología del Nuevo Testamento* . Grand Rapids: Wm. B. Eerdmans Publishing Co., reimpresión ed. 1979.

Lenski, RCH, 1963. *La interpretación de la Epístola a los Hebreos y la Epístola de Santiago* . Reimprimir ed. Minneapolis: Editorial de Augsburgo.

McGee, JV, 1983. *A través de la Biblia con J. Vernon McGee* . 5 vols. Pasadena, California: A través de The Bible Radio; y Nashville: Thomas Nelson, Inc.

Moo, DJ, 1985. *La carta de Santiago* . Serie de comentarios del Nuevo Testamento de Tyndale. Grand Rapids: Wm. B. Eerdmans Publishing Co.

Morgan, GC, 1912. *Mensajes vivos de los libros de la Biblia* . 2 vols. Nueva York: Fleming H. Revell Co.

Pentecostés, JD, 1971. El propósito de la ley. *Bibliotheca Sacra* , 128(511), págs.227-33.

Ryrie, CC, 1959. *Teología bíblica del Nuevo Testamento* . Chicago: Prensa Moody.

Stott, JRW, 1964. *Introducción básica al Nuevo Testamento* . 1ª ed. americana. Grand Rapids: Wm. B. Eerdmans Publishing Co.

Swindoll, CR, 2017. *La Biblia de estudio de Swindoll* . Carol Stream, Illinois: Tyndale House Publishers.

Tenney, MC, 1953. *El Nuevo Testamento: un estudio histórico y analítico* . Grand Rapids: Wm. B. Eerdmans Publishing Co., reimpresión ed. 1957.

Thiessen, HC, 1943. *Introducción al Nuevo Testamento* . Grand Rapids: Wm. B. Eerdmans Publishing Co., reimpresión ed. 1962.

Wiersbe , WW, 1978. *Sea maduro* . Serie de libros BE. Wheaton: Publicaciones de Scripture Press, Victor Books.

Winkler, ET, 1888. Comentario a la Epístola de Santiago. En: A. Hovey, ed. *Un comentario americano sobre el Nuevo Testamento* . Reimprimir ed. Filadelfia: American Baptist Press.

Guía de respuestas

Capítulo 1 Respuestas

¿Cuál es la razón principal por la que Santiago dice que los creyentes deben considerar como sumo gozo cuando enfrentan diversas pruebas?

- Porque la prueba de su fe produce perseverancia (Santiago 1:2-3).

¿Cuál es el resultado final de dejar que la perseverancia termine su trabajo?

- Para que los creyentes sean maduros y completos, sin que les falte nada (Santiago 1:4).

¿Qué debe hacer un creyente si le falta sabiduría?

- Deben pedirle a Dios, que da generosamente a todos sin encontrar faltas, y les será dado (Santiago 1:5).

¿Cómo debe un creyente pedir sabiduría?

- Con fe, sin dudar (Santiago 1:6).

¿Qué le pasa a una persona que duda cuando pide sabiduría?

- Son como las olas del mar, arrastradas y sacudidas por el viento, y no deben esperar recibir nada del Señor (Santiago 1:6-7).

¿Cómo se describe a una persona que duda?

- De doble ánimo e inestables en todo lo que hacen (Santiago 1:8).

¿Cómo deberían ver su situación los creyentes de circunstancias humildes?

- Deben enorgullecerse de su alta posición (Santiago 1:9).

¿Cómo deberían ver los ricos su situación?

- Deben enorgullecerse de su humillación porque pasarán como flores silvestres (Santiago 1:10).

¿Qué analogía usa Santiago para describir la naturaleza temporal de la riqueza?

- Los ricos desaparecerán incluso mientras hacen negocios como el sol abrasador seca una planta y cae su flor (Santiago 1:11).

¿Qué se promete a los que perseveran bajo la prueba?

- Recibirán la corona de vida que el Señor ha prometido a quienes lo aman (Santiago 1:12).

¿Qué nadie debe decir cuando es tentado?

- "Dios me tienta", porque Dios no puede ser tentado por el mal, ni tienta a nadie (Santiago 1:13).

¿Cómo ocurre la tentación, según Santiago?

- Cada persona es tentada cuando es arrastrada por sus propios malos deseos y seducida (Santiago 1:14).

¿Cuál es la progresión del pecado descrita en Santiago 1:15?

- El deseo concibe y engendra el pecado; cuando alcanza su madurez, el pecado da origen a la muerte (Santiago 1:15).

¿Sobre qué no deberían engañarse los creyentes?

- Todo don bueno y perfecto desciende de lo alto, del Padre de las luces celestiales, que no cambia como sombras cambiantes (Santiago 1:16-17).

¿Cómo eligió Dios darnos a luz?

- A través de la palabra de verdad, podemos ser las primicias de todo lo que Él creó (Santiago 1:18).

¿Cómo deben responder los creyentes al escuchar la Palabra de Dios?

- Deben ser prontos para escuchar, tardos para hablar y tardos para enojarse (Santiago 1:19).

¿Por qué los creyentes deberían deshacerse de toda la inmundicia y el mal moral?

- Porque obstaculiza su capacidad de aceptar con humildad la Palabra plantada en ellos, que puede salvarlos (Santiago 1:21).

¿Qué dice Santiago acerca de simplemente escuchar la Palabra?

- No os limitéis a escuchar la Palabra y así os engañéis. Haz lo que dice (Santiago 1:22).

¿Cómo describe Santiago a alguien que escucha la Palabra pero no hace lo que dice?

- Son como quien se mira la cara en un espejo y, después de mirarse, se va y al instante olvida cómo es (Santiago 1:23-24).

¿Qué se promete a quienes miran atentamente la ley perfecta que da libertad y continúa en ella?

- Serán bendecidos en lo que hagan (Santiago 1:25).

Capítulo 2 Respuestas

¿Contra qué advierte James en el capítulo 2?

- Mostrar favoritismo o parcialidad basado en las apariencias externas (Santiago 2:1-4).

Según Santiago, ¿cómo deberían tratar los cristianos a los ricos y a los pobres?

- Con igual respeto y amor, sin hacer favoritismo (Santiago 2:1-9).

¿Qué analogía usa Santiago para ilustrar el punto sobre la fe y las obras?

- Compara la fe sin obras con decirle a una persona hambrienta: "Ve en paz, caliéntate y saciate", sin proporcionarle las necesidades físicas (Santiago 2:15-16).

¿Cómo describe Santiago la fe sin obras?

- Como muerto (Santiago 2:17).

¿Qué figura del Antiguo Testamento usa Santiago para ilustrar la fe demostrada a través de las obras?

- Abraham, quien ofreció a Isaac sobre el altar (Santiago 2:21-23).

¿A quién más usa Santiago como ejemplo de fe mostrada a través de obras?

- Rahab, la prostituta, escondió a los espías y salvó a su familia (Santiago 2:25).

¿Qué argumenta Santiago sobre la fe y las obras?

- Esa fe sin obras es ineficaz y no puede salvar (Santiago 2:14, 17, 26).

¿Cómo responde Santiago a alguien que dice tener fe pero no tiene obras?

- Los desafía a demostrar su fe mediante acciones (Santiago 2:18).

Según Santiago, ¿cómo se conectan la fe y las obras?

- La fe se demuestra y se completa por las obras (Santiago 2:22).

¿Qué dice Santiago sobre la importancia de obedecer toda la ley?

- Afirma que violar una parte de la ley hace que una persona sea culpable de violar toda la ley (Santiago 2:10-11).

¿Qué enseña Santiago sobre la misericordia y el juicio?

- Que la misericordia triunfe sobre el juicio (Santiago 2:13).

¿Cómo desafía Santiago a sus lectores con respecto a su fe?

- Los desafía a mostrar su fe a través de acciones y palabras (Santiago 2:18).

¿Qué ejemplo usa Santiago para enfatizar el punto sobre la fe y las obras?

- El ejemplo de dar ropa y comida a un hermano o hermana necesitado (Santiago 2:15-16).

Según Santiago, ¿qué clase de fe tienen los demonios?

- Creen en la existencia de Dios y se estremecen, pero su fe no es una fe salvadora (Santiago 2:19).

¿Cómo describe Santiago la ley de la libertad?

- La ley real exige amar a nuestro prójimo como lo hacemos nosotros (Santiago 2:8).

¿Qué dice Santiago sobre la fe que carece de obras?

- Que está muerto (Santiago 2:17).

¿Qué quiere decir Santiago con ser justificado por las obras?

- Que las obras son la evidencia o fruto de una fe salvadora genuina (Santiago 2:21-24).

Según Santiago, ¿cómo deben tratar los creyentes a quienes entran en su asamblea?

- Con igual respeto y hospitalidad, sin importar su riqueza o estatus (Santiago 2:1-4).

¿Cuál es el mensaje principal que Santiago quiere que sus lectores comprendan sobre la fe y las obras?

- Esa fe genuina produce naturalmente buenas obras, evidencia visible de un corazón transformado (Santiago 2:14-26).

¿Cómo concluye Santiago su análisis sobre la fe y las obras?

Al afirmar que la fe sin obras está muerta, destacando la importancia de demostrar la fe mediante acciones (Santiago 2:26).

Capítulo 3 Respuestas

¿Qué enfatiza Santiago como aspecto crucial de la madurez cristiana en el capítulo 3?

- James enfatiza la importancia de controlar la lengua.

Según James, ¿por qué debería uno aspirar a ser maestro en la iglesia?

- Santiago advierte que los maestros serán juzgados más estrictamente por sus palabras y acciones (Santiago 3:1).

¿Qué ilustraciones usa Santiago para ilustrar el poder de la lengua?

- Santiago compara la lengua con un bocado en la boca de un caballo y con el timón de un barco (Santiago 3:3-4).

¿Qué analogía usa Santiago para describir cómo la lengua puede provocar consecuencias importantes?

- Santiago compara la lengua con una pequeña chispa que puede prender fuego a un bosque (Santiago 3:5-6).

¿Qué contraste establece James entre las capacidades de la lengua y su potencial dañino?

- Santiago señala que si bien la lengua puede alabar a Dios, también puede maldecir a otros seres humanos, lo que él compara con un manantial que produce agua dulce y amarga (Santiago 3:9-12).

Según Santiago, ¿qué clase de sabiduría es terrenal y demoníaca?

- La sabiduría terrenal se caracteriza por los celos, la ambición egoísta y el desorden (Santiago 3:14-16).

¿Cuáles son las características de la sabiduría de lo alto, tal como la describe Santiago?

- La sabiduría de lo alto es pura, pacífica, amable, razonable, llena de misericordia y de buenos frutos, imparcial y sincera (Santiago 3:17).

¿Cómo conecta Santiago la sabiduría con la pacificación ?

- Santiago afirma que los sabios sembrarán semillas de paz y cosecharán justicia (Santiago 3:18).

¿Qué advierte James sobre los peligros del discurso incontrolado?

- Santiago advierte que una lengua descontrolada puede conducir a resultados destructivos y es difícil de domar (Santiago 3:7-8).

¿Qué principio espiritual enfatiza Santiago con respecto al poder de la lengua?

- Santiago enfatiza que la lengua, aunque pequeña, tiene el poder de dirigir e influir como el timón de un barco (Santiago 3:4-5).

¿Cómo usa Santiago analogías de la naturaleza para ilustrar sus puntos sobre la lengua?

- Santiago compara la lengua con un freno en la boca de un caballo y una pequeña chispa que puede encender un incendio forestal, resaltando su poder y potencial de destrucción (Santiago 3:3-6).

¿Por qué James advierte contra el deseo de ser maestro?

- Santiago advierte que los maestros serán juzgados más estrictamente debido a su influencia y responsabilidad al guiar a otros (Santiago 3:1).

Según Santiago, ¿cuáles son algunas características de la sabiduría terrenal?

- La sabiduría terrenal se caracteriza por los celos, la ambición egoísta y el desorden (Santiago 3:14-16).

¿Qué papel juega la lengua en la discusión de Santiago sobre la fe y las acciones?

- Santiago conecta la lengua con la expresión de fe y la necesidad de que las acciones se alineen con las palabras (Santiago 3:9-12).

¿Cómo describe Santiago la naturaleza de la lengua?

- Santiago describe la lengua como una parte pequeña pero poderosa del cuerpo que puede bendecir y maldecir (Santiago 3:5-10).

¿Qué consejo da James a quienes aspiran a ser maestros?

- Santiago aconseja a los aspirantes a maestros que consideren el peso de su responsabilidad y el juicio que enfrentarán por sus palabras y enseñanzas (Santiago 3:1).

¿Cómo conecta James la sabiduría con el comportamiento?

- Santiago enfatiza que la verdadera sabiduría se demuestra en palabras, acciones y comportamiento que reflejan principios piadosos (Santiago 3:13-18).

Según Santiago, ¿cuáles son los frutos de la sabiduría de lo alto?

- Los frutos de la sabiduría de lo alto incluyen justicia, paz, misericordia y preocupación sincera por los demás (Santiago 3:17-18).

¿Con qué compara Santiago la lengua en cuanto a su potencial de daño e influencia?

- Santiago compara la lengua con una pequeña chispa que puede encender un gran fuego, enfatizando su potencial de poder destructivo (Santiago 3:5-6).

¿Cómo se relaciona la enseñanza de Santiago sobre la lengua con temas más amplios de la vida cristiana?

- La enseñanza de Santiago sobre la lengua resalta la importancia de la integridad, la humildad y la sabiduría piadosa en el habla y la conducta, reflejando el llamado cristiano a vivir de una manera que honre a Dios y promueva la paz (Santiago 3:13-18).

Capítulo 4 Respuestas

¿Qué causa los conflictos y las riñas entre las personas, según Santiago 4?

- James identifica los conflictos como que surgen de deseos egoístas que luchan dentro de los individuos.

¿Cómo describe Santiago a los que son amigos del mundo?

- Santiago los describe como enemigos de Dios, indicando que la amistad con el mundo es enemistad con Dios.

Según Santiago, ¿qué da Dios a los humildes?

- Dios da gracia a los humildes (Santiago 4:6).

¿Qué quiere decir Santiago con "purificar vuestros corazones"?

- Santiago significa limpiar nuestras actitudes internas y motivos de doble ánimo y deseos mundanos.

¿Contra qué advierte Santiago en el versículo 11 respecto a hablar en contra de los demás?

- Santiago advierte contra hablar mal o juzgar a los demás, ya que esto se coloca por encima de la ley y de los jueces.

¿Cómo ilustra Santiago la locura de jactarse de planes futuros sin reconocer la soberanía de Dios?

- Santiago usa el ejemplo de los comerciantes que se jactan de sus planes sin reconocer el control de Dios sobre sus resultados futuros.

¿Qué dice Santiago sobre el pecado de omisión en el capítulo 4?

- Santiago destaca el pecado de saber qué es lo correcto (reconocer la soberanía de Dios) pero no hacerlo.

¿Cómo concluye Santiago su argumento acerca de someterse a Dios?

- Santiago concluye enfatizando que no someterse a Dios, incluso sin un pecado manifiesto, es pecaminoso.

¿Qué declaración proverbial usa Santiago para concluir el capítulo 4?

- Santiago concluye con la proverbial afirmación: "De modo que al que sabe hacer el bien y no lo hace, le es pecado" (Santiago 4:17).

¿Cómo describe Santiago la actitud adecuada que los cristianos deben tener hacia la voluntad de Dios?

- Los cristianos deben decir: "Si el Señor quiere, viviremos y haremos esto o aquello" (Santiago 4:15), reconociendo la soberanía de Dios en sus planes.

¿Qué insta Santiago a hacer a sus lectores en lugar de juzgarse unos a otros?

- Santiago insta a sus lectores a someterse unos a otros con humildad y amor en lugar de juzgar (Santiago 4:12).

Según Santiago, ¿por qué se considera malo jactarse de planes futuros sin reconocer la soberanía de Dios?

- Se considera malo porque se exalta por encima de la autoridad de Dios y niega la dependencia de Él (Santiago 4:16).

¿Qué papel juega la humildad en las enseñanzas de Santiago en el capítulo 4?

- La humildad es fundamental para las enseñanzas de Santiago, ya que implica someterse a Dios, resistir el orgullo y reconocer nuestra dependencia de Él.

¿Cómo describe James las consecuencias de la amistad con el mundo?

- La amistad con el mundo lo convierte a uno en enemigo de Dios, ya que prioriza los deseos mundanos sobre la obediencia a Dios (Santiago 4:4).

¿Qué enseña Santiago sobre la importancia de someterse a la voluntad de Dios?

- Santiago enseña que someterse a la voluntad de Dios implica resistir al diablo, acercarse a Dios y purificar el corazón (Santiago 4:7-8).

¿Por qué Santiago enfatiza la brevedad y la incertidumbre de la vida?

- Santiago los enfatiza para resaltar la importancia de vivir en alineación con la voluntad de Dios y no presumir del futuro (Santiago 4:13-14).

¿Cómo ilustra Santiago la relación entre la humildad y recibir la gracia?

- Santiago enseña que Dios da gracia a los humildes pero se opone a los orgullosos (Santiago 4:6).

¿Qué quiere decir Santiago con "purificar vuestros corazones"?

- Purificar tu corazón implica limpiar tus motivos y deseos internos, alineándolos con la voluntad de Dios en lugar de con ambiciones egoístas (Santiago 4:8).

¿Cómo utiliza Santiago las referencias del Antiguo Testamento para respaldar sus enseñanzas sobre la humildad y la sumisión a Dios?

- Santiago se refiere a pasajes del Antiguo Testamento sobre los celos de Dios y la oposición a los orgullosos para resaltar la importancia de la humildad y la sumisión (Santiago 4:5-6).

¿Qué consejo práctico da Santiago para vivir según la voluntad de Dios en el capítulo 4?

- Santiago aconseja a sus lectores someterse a Dios, resistir al diablo, acercarse a Dios mediante la oración y el arrepentimiento, y abstenerse de hablar mal de los demás (Santiago 4:7-12).

Capítulo 5 Respuestas

¿Qué instruye Santiago respecto de la riqueza y su naturaleza temporal?

- Santiago advierte a los ricos que lloren y aullen por las miserias que les sobrevendrán porque sus riquezas perecerán y sus riquezas se corroerán (Santiago 5:1-3).

¿Qué dice James acerca de los salarios de los trabajadores que han sido retenidos?

- Santiago condena a los ricos que retienen el salario de sus trabajadores, declarando que sus gritos han llegado a oídos del Señor de los Sabaoth (Santiago 5:4).

¿Cómo anima Santiago a los creyentes que están sufriendo?

- Santiago los anima a ser pacientes, como el labrador que espera el precioso fruto de la tierra, y a afirmar su corazón, porque la venida del Señor está cerca (Santiago 5:7-8).

¿Qué enfatiza Santiago acerca de la paciencia en el sufrimiento?

- Santiago enfatiza que los creyentes no deben murmurar unos contra otros, sino que deben ser pacientes, como los profetas que hablaron en el nombre del Señor (Santiago 5:9).

¿Qué instruye Santiago a hacer a los que sufren?

- James les ordena orar. Los anima a cantar alabanzas si están alegres y a llamar a los ancianos de la iglesia para que oren por ellos y los unjan con aceite en el nombre del Señor (Santiago 5:13-14).

¿Cuál es la promesa asociada con la oración de fe?

- Santiago promete que la oración de fe salvará a los enfermos y el Señor los resucitará. También asegura que serán perdonados si han cometido pecados (Santiago 5:15).

¿Qué ejemplo da Santiago para ilustrar el poder de la oración?

- Santiago usa a Elías como ejemplo, destacando cómo Elías oró fervientemente para que no lloviera, y no llovió durante tres años y medio. Luego oró de nuevo, y los cielos dieron lluvia (Santiago 5:17-18).

¿Qué instruye Santiago a los creyentes a hacer si alguien se desvía de la verdad?

- Santiago instruye a los creyentes a hacer volver al que se extravía de la verdad, sabiendo que cualquiera que haga volver al pecador del extravío salvará su alma de la muerte y cubrirá muchos pecados (Santiago 5:19-20).

¿Qué dice Santiago acerca de hacer juramentos?

- Santiago aconseja a los creyentes que no juren, ni por el cielo ni por la tierra, sino que dejen que su "sí" sea sí y su "no" sea no, para que no caigan en juicio (Santiago 5:12).

¿Cómo describe Santiago la oración eficaz de una persona justa?

- Santiago la describe como poderosa y eficaz, afirmando que la oración ferviente del justo tiene gran poder mientras obra (Santiago 5:16).

¿Qué dice Santiago acerca de quejarse unos contra otros?

- Santiago advierte contra las quejas unos contra otros, instando a los creyentes a ser pacientes hasta la venida del Señor (Santiago 5:9).

¿Qué dice Santiago acerca de aquellos que han vivido en el lujo y la autocomplacencia?

- Santiago condena a quienes han vivido en el lujo y la autocomplacencia, advirtiéndoles de las miserias que les esperan a causa de la opresión y explotación de los demás (Santiago 5:5).

¿Qué dice Santiago acerca de la oración ofrecida con fe?

- Santiago asegura que la oración ofrecida con fe salvará a los enfermos y el Señor los resucitará; además, si han cometido pecados, les serán perdonados (Santiago 5:15).

¿Qué ejemplo del Antiguo Testamento usa Santiago para ilustrar su enseñanza sobre la oración?

- Santiago usa a Elías como ejemplo de una persona justa cuya oración fue poderosa y efectiva, produciendo resultados significativos (Santiago 5:17-18).

¿Cómo describe Santiago la venida del Señor?

- Santiago lo describe como cercano, instando a los creyentes a ser pacientes y a fortalecer su corazón frente al sufrimiento y las pruebas (Santiago 5:7-8).

¿Qué dice Santiago sobre los ricos que oprimen a otros?

- Santiago condena a los ricos que oprimen a otros y retienen sus salarios, advirtiéndoles del juicio inminente y las miserias que les esperan (Santiago 5:1-6).

¿Qué instrucción da Santiago acerca de los juramentos?

- Santiago instruye a los creyentes a no jurar por el cielo, la tierra o cualquier otro juramento, sino que dejen que su sí y su no sean sí para evitar caer en juicio (Santiago 5:12).

¿Qué dice Santiago acerca de confesarse los pecados unos a otros?

- Santiago instruye a los creyentes a confesarse sus pecados unos a otros y orar unos por otros para ser sanados, enfatizando la importancia de la oración y el apoyo mutuo (Santiago 5:16).

¿Cuál es la promesa asociada con traer de vuelta a un extraviado de la verdad?

- Santiago promete que cualquiera que haga volver a un pecador de su extravío salvará su alma de la muerte y cubrirá muchos pecados (Santiago 5:20).

¿Cuál es el tema general del capítulo 5 de Santiago?

- El tema general es el llamado a la paciencia, la oración y la resistencia ante el sufrimiento y las pruebas, centrándose en el juicio venidero de Dios y la importancia de una vida recta.

Pon a prueba tus respuestas de conocimientos

Preguntas de verdadero o falso

Verdadero o Falso: Santiago, el autor de la epístola, se identifica como el hermano de Jesús.

Respuesta: Verdadero (Santiago 1:1)

Verdadero o falso: Según Santiago, las pruebas y las pruebas deben contarse como gozo porque producen resistencia y madurez.

Respuesta: Verdadero (Santiago 1:2-4)

Verdadero o Falso: Santiago enseña que Dios tienta a las personas con malos deseos para probar su fe.

Respuesta: Falso (Santiago 1:13)

Verdadero o falso: James advierte contra simplemente escuchar la palabra sin hacer lo que dice, comparándola con mirarse en un espejo y olvidarse de la apariencia.

Respuesta: Verdadero (Santiago 1:22-24)

Verdadero o Falso: Santiago sostiene que la fe sin obras está muerta, usando el ejemplo de Abraham ofreciendo a Isaac como prueba de que la fe se demuestra mediante acciones.

Respuesta: Verdadero (Santiago 2:21-24)

Verdadero o falso: Santiago condena el favoritismo mostrado hacia los ricos en las reuniones de la iglesia e insta a tratar a todas las personas por igual.

Respuesta: Verdadero (Santiago 2:1-9)

Verdadero o Falso: Según Santiago, la lengua es una pequeña parte del cuerpo pero puede alardear de grandes cosas y prender fuego a todo el curso de la vida.

Respuesta: Verdadero (Santiago 3:5-6)

Verdadero o Falso: Santiago enseña que la sabiduría terrenal conduce a la paz y la armonía entre los creyentes.

Respuesta: Falso (Santiago 3:14-16)

Verdadero o falso: Santiago anima a los creyentes a resistir al diablo, acercarse a Dios y purificar sus corazones, advirtiendo contra la doble mentalidad .

Respuesta: Verdadero (Santiago 4:7-8)

Verdadero o Falso: Santiago critica a quienes se jactan de sus planes para el futuro sin reconocer la voluntad de Dios.

Respuesta: Verdadero (Santiago 4:13-17)

Verdadero o falso: James denuncia a los opresores ricos que han acaparado riquezas a costa de pagar salarios justos a sus trabajadores.

Respuesta: Verdadero (Santiago 5:1-6)

Verdadero o Falso: Santiago fomenta la paciencia y la resistencia en el sufrimiento, usando a los profetas y a Job como ejemplos de perseverancia.

Respuesta: Verdadero (Santiago 5:7-11)

Verdadero o falso: según James, hacer juramentos es aceptable cuando se hacen promesas o compromisos importantes.

Respuesta: Falso (Santiago 5:12)

Verdadero o falso: Santiago enseña que la oración ofrecida con fe puede sanar a los enfermos y restaurarlos, animando a los creyentes a confesarse sus pecados unos a otros para sanarse.

Respuesta: Verdadero (Santiago 5:13-16)

Verdadero o Falso: Santiago afirma que Elías era un hombre con una naturaleza como la nuestra, destacando el poder de sus oraciones como ejemplo de oración eficaz y ferviente.

Respuesta: Verdadero (Santiago 5:17-18)

Verdadero o Falso: Santiago concluye su epístola instando a los creyentes a traer de vuelta a aquellos que se han desviado de la verdad y a cubrir muchos pecados mediante el amor y el perdón.

Respuesta: Verdadero (Santiago 5:19-20)

Verdadero o Falso: Santiago enfatiza que la sabiduría terrenal, caracterizada por la envidia y la ambición egoísta, es mejor que la sabiduría de lo alto, que es pura y pacífica.

Respuesta: Falso (Santiago 3:13-17)

Verdadero o Falso: Santiago anima a los creyentes a ser rápidos para escuchar, lentos para hablar y lentos para enojarse, enfatizando la importancia de controlar la lengua.

Respuesta: Verdadero (Santiago 1:19)

Verdadero o Falso: Según James, la verdadera religión incluye cuidar a las viudas y a los huérfanos y mantenerse sin mancha del mundo.

Respuesta: Verdadero (Santiago 1:27)

Verdadero o Falso: Santiago enseña que una persona que sabe el bien que debe hacer y no lo hace peca.

Respuesta: Verdadero (Santiago 4:17)

<u>Preguntas de respuestas múltiples</u>

¿Cuál dice Santiago que debería ser la respuesta de los creyentes que enfrentan pruebas?

- A) Amargura
- b) alegría
- C) Resentimiento
- D) Indiferencia
- **Respuesta: B** (Santiago 1:2)

Según Santiago, ¿qué debe pedir una persona cuando carece de sabiduría?

- A) Paciencia
- B) Riqueza
- c) duda
- D) la sabiduría de Dios
- **Respuesta: D** (Santiago 1:5)

¿A qué compara Santiago la fe sin obras?

- a) Un cadáver
- B) Una nube sin lluvia
- C) Una sombra en la noche
- D) Un momento fugaz
- **Respuesta: A** (Santiago 2:26)

James advierte contra mostrar favoritismo ¿hacia quién?

- a) los pobres
- B) Los ricos
- C) Los ancianos
- D) Los enfermos
- **Respuesta: B** (Santiago 2:1-4)

¿Qué dice James que es una parte pequeña del cuerpo pero que presume de grandes cosas?

- a) la lengua
- B) El corazón
- c) la mano
- D) El ojo
- **Respuesta: A** (Santiago 3:5)

Según Santiago, ¿qué clase de sabiduría conduce al desorden y a toda mala práctica?

- A) Sabiduría terrenal
- B) Sabiduría celestial
- C) Sabiduría intelectual
- D) Sabiduría moral
- **Respuesta: A** (Santiago 3:15)

¿Qué instruye Santiago a los creyentes a hacer en respuesta al sufrimiento y los problemas?

- a) buscar venganza
- B) Cuéntalo todo alegría
- C) Quejarse en voz alta
- D) Escóndete de ello
- **Respuesta: B** (Santiago 1:2-4)

Santiago anima a los creyentes a ser hacedores de la palabra, no sólo _____ .

- A) Oyentes
- B) Pensadores
- C) Lectores
- D) Escritores
- **Respuesta: A** (Santiago 1:22)

¿Cuál de las siguientes palabras dice Santiago que no debería salir de la misma boca?

- A) Bendición y maldición
- B) Elogiar y criticar
- C) Hablar y escuchar

- D) Enseñanza y aprendizaje
- **Respuesta: A** (Santiago 3:10)

¿James compara la vida de los ricos con qué?

- A) Una brisa pasajera
- B) Una flor marchita
- C) Un león rugiente
- D) Una sombra fugaz
- **Respuesta: D** (Santiago 1:10-11)

¿Cuál dice Santiago que es la fuente de disputas y conflictos entre los creyentes?

- A) Envidia y ambición egoísta
- B) Falta de oración
- C) Mal liderazgo
- D) Ignorancia de las Escrituras
- **Respuesta: A** (Santiago 4:1-2)

Santiago enseña que la oración de fe salvará ¿a quién?

- A) Los ricos y poderosos
- B) Los justos y santos
- C) Los enfermos y atribulados
- D) Los ancianos y los sabios
- **Respuesta: C** (Santiago 5:15)

¿Qué dice Santiago que se debe hacer por alguien enfermo entre los creyentes?

- A) Deberían orar solos
- B) Llamar a los ancianos de la iglesia para que oren y los unjan con aceite.
- C) Buscar atención médica únicamente
- D) Ignorar su enfermedad
- **Respuesta: B** (Santiago 5:14)

Santiago condena a quienes planifican sus vidas sin reconocer la voluntad de quién.

- a) los suyos
- B) El gobierno
- c) de Dios
- D) el destino
- **Respuesta: C** (Santiago 4:13-15)

¿Qué dice Santiago que es religión pura y sin mancha ante Dios?

- A) Mantenerse alejado de los placeres mundanos.
- B) Visitar a los huérfanos y a las viudas en su aflicción
- C) Ayunar y orar diariamente
- D) Dar generosamente a la iglesia
- **Respuesta: B** (Santiago 1:27)

Según Santiago, ¿por qué los creyentes deberían ser tardos para hablar y tardos para enojarse?

- A) Para evitar ofender a los demás.
- B) Cultivar la sabiduría y la rectitud
- C) Mantener un ambiente pacífico.
- D) Demostrar humildad y mansedumbre
- **Respuesta: B** (Santiago 1:19-20)

James advierte que la amistad con el mundo ¿qué es?

- A) Inofensivo
- B) Rentable
- C) Enemistad con Dios
- D) Un signo de madurez
- **Respuesta: C** (Santiago 4:4)

Santiago instruye a los creyentes a someterse a Dios y ¿resistir a quién?

- a) el diablo
- B) Sus compañeros
- C) Figuras de autoridad
- D) Sus propios deseos
- **Respuesta: A** (Santiago 4:7)

¿Cuál dice Santiago que es el resultado de la paciencia y la resistencia en el sufrimiento?

- A) Riqueza y prosperidad
- B) Felicidad y plenitud
- c) vida eterna
- D) Corona de la vida
- **Respuesta: D** (Santiago 1:12)

Según James, ¿qué debe hacer una persona si sabe el bien que debe hacer y no lo hace?

- A) Arrepiéntete y confiesa
- B) Buscar el perdón de Dios
- C) Orar por fortaleza
- D) Es pecado para ellos
- **Respuesta: D** (Santiago 4:17)

<u>**Preguntas para completar los espacios**</u>

Santiago comienza su carta animando a los creyentes a considerar el __________ puro siempre que enfrenten pruebas de muchos tipos.

Respuesta: alegría (Santiago 1:2)

"No os limitéis a escuchar la palabra, y así os engañéis. __________ ella."

Respuesta: ¿Hacer qué? (Santiago 1:22)

"La religión que Dios nuestro Padre acepta como pura e intachable es ésta: cuidar de los huérfanos y de las viudas en sus angustias y guardarse de __________."

Respuesta: estar contaminados por el mundo (Santiago 1:27)

"Pero el hombre que mira atentamente la ley perfecta que da libertad y continúa haciendo esto, sin olvidar lo que ha oído, sino haciéndolo—__________—será bienaventurado en lo que hace."

Respuesta: será bendecido en lo que haga (Santiago 1:25)

"¿De qué le sirve, hermanos míos, si un hombre dice tener fe, pero no tiene __________?"

Respuesta: obras (Santiago 2:14)

"Ves que una persona se justifica por lo que hace y no solo por __________."

Respuesta: fe (Santiago 2:24)

"Pero la sabiduría que viene del cielo es, ante todo, __________."

Respuesta: pura (Santiago 3:17)

"Someteos, pues, a Dios. __________ y él huirá de vosotros."

Respuesta: Resiste al diablo (Santiago 4:7)

"¿Alguno de ustedes está en problemas? Debería __________."

Respuesta: orar (Santiago 5:13)

" Por tanto, confiesaos vuestros pecados unos a otros y __________."

Respuesta: oren unos por otros (Santiago 5:16)

"La oración del justo es __________."

Respuesta: poderosa y eficaz (Santiago 5:16)

"Elías era un hombre como nosotros. Oró fervientemente para que no __________, y no llovió sobre la tierra durante tres años y medio."

Respuesta: lluvia (Santiago 5:17)

"Hermanos míos, si alguno de vosotros se desvía de la verdad y alguien lo hace volver, acordaos de esto: el que haga volver al pecador del error de su camino, lo salvará de __________."

Respuesta: muerte (Santiago 5:19-20)

"Sobre todo, hermanos míos, no juren, ni por el cielo, ni por la tierra, ni por ninguna otra cosa. Que su 'Sí' sea __________."

Respuesta: sí, y tu 'No', no (Santiago 5:12)

"Tened, pues, paciencia, hermanos, hasta la venida del Señor. Mirad cómo el labrador __________."

Respuesta: espera que la tierra dé su valiosa cosecha (Santiago 5:7)

"También la lengua es __________, mundo de maldad entre los miembros del cuerpo."

Respuesta: pequeña parte (Santiago 3:6)

"No tienes porque no __________."

Respuesta: preguntar (Santiago 4:2)

"Humillaos delante del Señor, y él __________."

Respuesta: levantarte (Santiago 4:10)

"Pero la sabiduría que viene del cielo es __________."

Respuesta: ante todo , puro (Santiago 3:17)

" Por tanto, confesad vuestros pecados unos a otros y orad unos por otros para que seáis __________."

Respuesta: sanado (Santiago 5:16)

<u>**Preguntas de respuesta corta**</u>

¿Qué dice Santiago acerca de las pruebas y su propósito?

Respuesta: Santiago enseña que las pruebas producen perseverancia y madurez en la fe (Santiago 1:2-4).

Según Santiago, ¿cuál debería ser nuestra respuesta a la palabra de Dios?

Respuesta: No sólo debemos escuchar la palabra de Dios sino también hacer lo que dice (Santiago 1:22).

¿Cómo describe Santiago la religión pura?

Respuesta: La religión pura e impecable implica cuidar a las viudas y a los huérfanos en apuros y evitar ser contaminado por el mundo (Santiago 1:27).

¿Qué advertencia da Santiago acerca de la lengua?

Respuesta: Santiago advierte que la lengua, aunque pequeña, puede causar un gran daño como una pequeña chispa que prende fuego a un bosque (Santiago 3:5-6).

¿Cómo describe Santiago la fe sin obras?

Respuesta: Santiago describe la fe sin obras como muerta e inútil (Santiago 2:17).

¿Qué ejemplo usa Santiago para ilustrar la fe y las obras?

Respuesta: Santiago usa el ejemplo de Abraham ofreciendo a Isaac para mostrar que la fe sin obras es incompleta (Santiago 2:21-23).

¿Qué enseña James sobre la amistad con el mundo?

Respuesta: Santiago advierte que la amistad con el mundo es enemistad con Dios, y el que quiere ser amigo del mundo se convierte en enemigo de Dios (Santiago 4:4).

Según Santiago, ¿cómo deben manejar los creyentes los conflictos y las riñas?

Respuesta: Los creyentes deben buscar la sabiduría de Dios y no permitir que los celos y la ambición egoísta conduzcan a conflictos (Santiago 3:13-18; 4:1-3).

¿Qué enseña Santiago sobre la paciencia y la resistencia en las pruebas?

Respuesta: Santiago anima a los creyentes a ser pacientes y soportar las pruebas, sabiendo que el Señor es compasivo y misericordioso (Santiago 5:7-11).

¿Cómo describe Santiago la oración?

Respuesta: Santiago describe la oración como poderosa y eficaz, especialmente la oración de una persona justa (Santiago 5:16).

¿Qué dice James acerca de jactarse del futuro?

Respuesta: Santiago advierte contra la jactancia del mañana porque la vida es incierta y depende de la voluntad de Dios (Santiago 4:13-15).

Según Santiago, ¿cómo deberían tratar los creyentes a los pobres y a los ricos?

Respuesta: Santiago enseña que los creyentes no deben mostrar favoritismo basado en la riqueza, sino tratar a todos por igual con amor y respeto (Santiago 2:1-9).

¿Qué consejo da Santiago respecto a hacer juramentos?

Respuesta: Santiago desaconseja hacer juramentos, instando a los creyentes a que su "Sí" sea sí y su "No" sea no (Santiago 5:12).

¿Cómo define Santiago la verdadera sabiduría?

Respuesta: La verdadera sabiduría, según Santiago, se caracteriza por la pureza, la paz , la gentileza y la voluntad de ceder ante los demás (Santiago 3:17).

¿Qué dice Santiago acerca de los ricos que oprimen a los pobres?

Respuesta: Santiago condena a los ricos que oprimen a los pobres, advirtiendo sobre el juicio y la naturaleza fugaz de la riqueza (Santiago 5:1-6).

Según Santiago, ¿cómo deberían responder los creyentes al pecado?

Respuesta: Los creyentes deben confesarse sus pecados unos a otros y orar unos por otros pidiendo sanidad y perdón (Santiago 5:16).

¿Cómo describe Santiago la actitud apropiada hacia la ley de Dios?

Respuesta: Santiago enseña que los creyentes deben cumplir la ley real del amor y no mostrar parcialidad, cumpliendo la ley de Cristo (Santiago 2:8-9).

¿Qué dice Santiago acerca de la fe y las obras con respecto a la justificación?

Respuesta: Santiago sostiene que la fe sin obras está muerta, lo que ilustra que la fe genuina se evidencia en las acciones (Santiago 2:14-26).

¿Cómo anima Santiago a los creyentes a soportar el sufrimiento y las pruebas?

Respuesta: Santiago anima a los creyentes a considerar como sumo gozo cuando enfrentan pruebas, sabiendo que las pruebas producen firmeza y madurez (Santiago 1:2-4).

¿Qué enseña Santiago sobre el poder de la oración con respecto a Elías?

Respuesta: Santiago enseña que la oración de Elías fue poderosa y eficaz, lo que demuestra la eficacia de la oración ferviente ofrecida con fe (Santiago 5:17-18).

About the Author

Andrew Lamont-Turner is a theological scholar, author, and Bible teacher who has dedicated his life to pursuing theological knowledge and disseminating spiritual wisdom. With a profound understanding of the scriptures and a passion for teaching, Andrew has emerged as a leading voice in the field of theology. His extensive academic qualifications and love for God and his family have shaped him into a multifaceted individual committed to nurturing spiritual growth and intellectual exploration.

Academic Journey: Andrew's academic journey reflects his thirst for theological understanding. He holds a Bachelor of Theology, Bachelor of Theology (Honours), Master of Theology, and a Doctor of Philosophy in Theology. These qualifications represent years of rigorous study and a commitment to excellence in his field. Furthermore, Andrew's intellectual curiosity extends beyond theology, as he also possesses a Bachelor of Education (Honours) and several Postgraduate Certificates in various commercial fields. This interdisciplinary approach has enriched his perspective and broadened his ability to connect theological principles with everyday life.

Teaching and Writing: Andrew's knowledge of theology has been expressed through his teaching and writing endeavours. As an educator, he has inspired countless students through his engaging lectures and insights into the scriptures. His ability to distil complex theological concepts into accessible teachings has garnered him a reputation as an exceptional communicator.

In addition to his teaching, Andrew is a prolific author who has published several books and a comprehensive Bible study series. His books delve into various aspects of Christian theology, offering insights, practical guidance, and thought-provoking reflections. With meticulous research, clear exposition, and a genuine desire to bridge the gap between academic theology and everyday faith, Andrew's writings have touched the lives of many, nurturing their spiritual growth and deepening their understanding of God's Word.

Pastoral Leadership: Living his faith ensures Andrew takes his Pastoral Leadership very seriously. He is the Pastor of a community church in rural South Africa, where he ensures the flock entrusted to him by God is well-fed and looked after.

Read more at https://ncts.education/nctseminary/course/view.php?id=25.